好きのパワーは無限大

ハラミちゃん

はじめに

本書を手にとっていただき、ありがとうございます。


出版社の方からお声掛けいただいたときはびっくりしました。

「えっ、私ピアニストなのに、本を出すの？」って。

ただ、その後ゆっくり考えてみたら、いままでも雑誌や新聞、テレビ番組などでのインタビューを掲載、放映していただいていましたが、放映時間やページ数の関係でどうしても凝縮した内容になり、もっと伝えたかったこと、表現したかったことが多くあるような気がしていました。

私がストリートピアノを弾くことになった経緯には子どもの頃にどんなピアノレッスンをしていたのか、音大時代の授業の話、そこでの出会い、刺激を与えてくれた他校の友だちとのことなどいろいろな出来事がありました。

また、ピアノを弾くうえでの音楽的な話もお伝えすることで、音楽を聞く楽しみがさらに広がるかもしれない。

そして何より、いつも私を支えてくださっているファンの皆さんへの感謝の気持ちをきちんと伝えたい。

そんな思いがいっぱいあることに気がつき、今回のエッセイにつながりました。

私が経験した挫折やそこから学んだことなど、少しでも皆さんのお役に立てればと思っています。

INDEX

PART 2

ハラミちゃん誕生
～人生、1回でも多く笑った人の勝ち～　45

すべてはここから始まった、都庁に舞い降りた奇跡

いくつものビルがそびえ立つ東京の街が一望できる東京都庁45階の展望室。そこに置かれている一台のグランドピアノ。その鍵盤を押した瞬間から、私の人生は一変しました。

何気なく弾いた一曲。余計なことは考えず、ただピアノに身を任せ、音を楽しみに曲の世界に没頭して弾いたそのとき、ふと気がつくと、私の演奏に耳を傾けていた知らない年配の女性たちがパチパチと拍手を送ってくれていました。しかも「よかった、感動した」と声をかけてくれたのです。

その瞬間、私の居場所が見つかりました。自分が何をしたいのか、何をすべきなのか、進むべき道ややるべきことが一気に見えてきました。

挫折があったから、いまがある

いま思うと、この瞬間がなければ、ハラミちゃんとしての現在の私はいなかった気がしています。この時期の私は第一志望の夢が閉ざされ、その後もがむしゃらに頑張りすぎて体調を崩し疲れ果て、家にこもっていたからです。当時の会社の先輩Kさんからの誘いがなかったら、足を運んでいなかったかもしれません。都庁での出来事は私にとってまさに奇跡の一瞬だったのです。好きなことは自分だけでなく、周りの人たちにも大きなパワーとなって伝わっていくこともこのとき実感しました。それと同時に、自分が本当にやりたいこと、やるべきことが明確になりました。

私の人生が一変した都庁での出来事。

そこにたどり着くまでにはいろいろなターニングポイントがありました。挫折を経験し、迷走した時期もありました。

でも、この挫折が私に大きな気づきと学びを与えてくれました……。

PART 1

ずっとピアノを弾いてきたけれど

～少しずつ、夢がずれてった～

目標は「ピアニスト」のはずだったのに……

えっ……？　無理、なの？

どう反応していいかわからず、声も出ませんでした。

高2の春、私は音大受験のために、受験請負人として有名なピアノの先生につくことになりました。小柄でベリーショートの女性の先生はとても張り詰めた雰囲気を身にまとっていて、厳しいことでも有名でしたが、その分、生徒一人ひとりの特性をよく見極め、愛情をもって丁寧に指導してくれることでも評判が高い先生でした。そして、この先生のレッスンを受けるためには、オーディションが必要で、合格者だけが生徒になれるシステムでした。オーディションをクリアしたときは、いまの自分は先生の指導についていけるレベルに達しているんだ、とちょっと安心しました。

初めてのレッスンの日。1曲弾き終えたところで、志望校を聞かれました。そして素直に答えた私に、先生は短く言ったんです。

「あ、それは無理」

小学生の頃からの目標は、先生にあっさり却下されました。演奏をほんの数分聞いただけで。志望校のレベルは、私もちゃんとわかっていました。それを知ったうえで何年も頑張ってきたんだから「目指す資格」はある、と思っていたのに……。

「ピアノの先生」のひと言が、挫折の始まり

これだけで決めちゃうの？　判断早すぎない？　とも思ったけれど、たくさんのピアニストを育ててきた一流の先生の言葉は、信じるしかなかった。あこがれの場所につながる道は、気持ちいいほどスパン！　と切られてしまいました。

もちろん、受験するのは私自身なんだから、どの大学を受験しようと自由です。でもそのときの私には、先生の言葉を跳ね返すことができませんでした。「先生にな

んと言われようと志望校を目指してやる！」なんて気力は湧いてこなかったんです。人って、こんなに簡単に挫折させられちゃうんだ……。そんな気持ちが強すぎて、先生への反発も感じなかった。いきなり突きつけられた現実を、「あ、無理なんですね。わかりました」みたいに受け入れるしかなかったんです。

頑張ってきたのは音楽の先生になるため？

気持ちの整理もつかず、声も出ない私に、先生はさらに聞いてきました。

「ところで、あなたは、将来何になりたいの？」

信じられないかもしれないけれど、私はそれまで、将来の職業を具体的に考えたことがありませんでした。私の目標はずっと、「ピアニスト」。まずはあこがれの大学に入学することだけを考えていました。「ピアノで生きていきたい」という気持ちはあったけれど、大学で何を学び、卒業後に何をするのかについては、ふわっとしたままだったんです。

とっさに答えられなかった私を、先生は容赦なく詰めてきました。

「音大行きたいんだったら、ピアニストか音楽の先生よね。あなたが目指しているのは、どっちなの？」。数分前に「志望校は無理」とはっきり言われたショックからまだ抜け出せていなかった私は、とても「ピアニストになりたいです！」なんて言える精神状態ではありませんでした。これ以上厳しい言葉を聞くのが怖くて、つい言っちゃったんです。「音楽の先生です」って。

もちろん、音楽の先生という仕事にまったく興味がなかったわけではありませんん。演奏家を目指すにしても、自分がとんでもなくすごいピアニストになれるとも思っていませんでした。それでも「先生になりたい」って口に出すことには、違和感がありました。たしかに自分の将来像ははっきりしていなかったけれど、「先生になるため」に頑張ってきたつもりじゃなかったから。

「先生になりたいならこっちの学校だね。わかった、あなたはこの学校を目指そう」

先生の言葉を聞きながら、私はぼんやり思っていました。……なるほど。私は音楽の先生になるのか。ああ、今日の先生の言葉で、私の人生決まっちゃったな。

ずっと、ピアノが生活の中心だった

私が初めてピアノ教室に行ったのは、4歳のとき。先に習いはじめた兄が家でピアノを弾いているのがうらやましくて、自分もやってみたくなったのがきっかけです。教室に入ってすぐに発表会があり、先生が候補を2曲挙げてくれました。ゆっくりしたテンポの『エーデルワイス』と、ちょっと難しい『アイアイ』。どっちにする？と聞かれたとき、私は迷わず『アイアイ』を選びました。『アイアイ』のほうが好きだったからではなく、難易度が高い曲をやりたかったから。その頃のモチベーションの源は、「他の子に負けたくない」だったんです。

気がついたら本気でピアノを学ぶようになっていて、小学校1年生のときに音大受験のためのテキストを渡されました。毎週土曜日は、ピアノの先生に午後2時から10時までレッスンを受け、音を聴いて楽譜に書き起こす聴音の勉強。平日も週に1回、電車で1時間ほどかけてもうひとり別の先生のところへ通い、演奏をメインにレッスンを受けていました。レッスンがある平日は、学校が終わると駅で母と待ち合わせ。電車の中でランドセルを机がわりにして宿題をすませ、2～3時間レッスン。夜10時頃、家に帰ってからピアノの復習をして、お風呂に入って、寝る。

学校もレッスンもない週末は、朝ごはん食べて練習、昼ごはん食べて練習、夕ごはん食べて練習。食後に30分休む以外の時間は、ずっとピアノに向かう日々。

さらに小学生の頃は左右均等の力で鍵盤をタッチできるように握力グリップを握りながら登下校。食事の際は、指を広げるための器具を使用。演奏フォームをしっかり体に覚えさせるためにピアノを弾くときにはギブスを身につけて練習していました。

小学生の頃から「報われないなぁ」と思ってた

小学生になると、いろいろなコンクールにも参加するようになりました。コンクールに出れば、はっきりと順位づけされます。回数を重ねるうちに、同世代の中での自分の位置がわかってくるんです。

小さいコンクールなら優勝できるけれど、大きいコンクールだと無理。日本にはとんでもなくピアノがうまい子がいて、自分なんて評価されないんだ……。現実を突きつけられ、子どもながらに自分の限界を知ってしまったような感覚がありました。

コンクールの中には、予選などの通過者名が翌日の朝刊で発表されるものもありました。そんなときは、コンクールが終わってもごはんがのどを通らない。寝ようとしても眠れなくて、朝、新聞配達のバイクの音が聞こえるとすぐに新聞を取りに行って。心臓をバクバクさせながら新聞を開くと、自分の名前は載ってない。

私ってなんでこんなにダメなんだろう、頑張ってるのにどうして報われないんだろう……。いつも、そんなことを思っている小学生でした。

ピアノに支えられ、ピアノに追い込まれる

学校以外で友だちと遊んだことはほとんどないし、ポケモンもよく知らない。ジブリの映画も見たことないし、ディズニーランドも行ったことない。本当に、学校とピアノだけの毎日でした。

ちなみに、先にピアノを始めた兄はほんの数年で離脱していました。器用で何をやってもうまくできる兄は、習いごとが長続きしないタイプ。私は、兄が習いごとをやめるたびに親が悲しむんじゃないのかな？　と思っていました。だからピアノの練習をつらく感じることがあっても、「私は、やめたらダメだ！」と自分に言い聞かせていました。私までやめちゃったら、親にダブルパンチをくらわせることになりそうな気がしていたんです。続ければ自然に上達します。うまくなってくると、少し楽しくなってくる。練習はたいへんだけれど、どうしてもイヤ！　というほどではなかったし、ピアノ以外に興味をもてるものもなかったし……。いろいろな要素が重なって、自然に「私は〝ピアノの人〟になるんだ」と思うようになっていました。

練習したくない日もあったけれど、なまければ結局、自分が絶望感を味わうことになる。それがわかってるから、サボることもできませんでした。勉強もスポーツもダメな私にとって、自分の武器はピアノだけ。ピアノを取ったら何も残らないかも、という怖さもありました。私にとってピアノは、人生そのものであり、心の支えでもある。でも同時に、自分を追い込まないと向き合えないもの、でもありました。

登下校の際にいつも握っていた握力グリップ

食事の際に使っていた指を広げるための器具

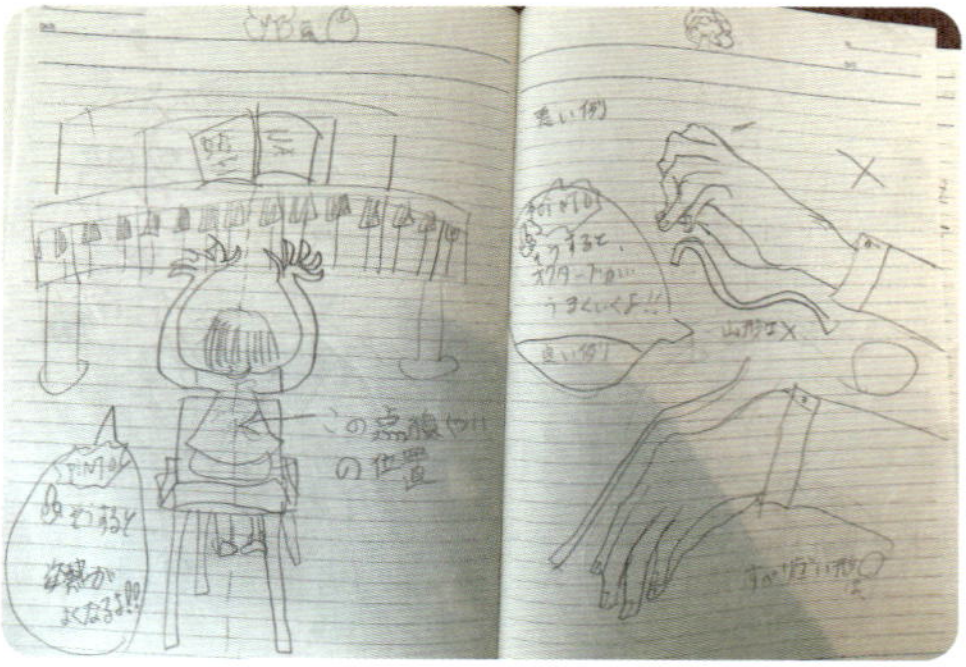

ピアノの弾き方について書きとめていたノート

音大に入学したときはすでに息切れしていた

希望していた大学に入ってピアニストになる望みを断たれても、音大受験の勉強だけをしてきた私は、音大に行くしかない。だから志望校をかえても、厳しいレッスンを続ける以外の選択肢はありませんでした。

私は4歳から真剣にピアノを学び、信じられないぐらいの時間をピアノの前で過ごしてきました。でも受験のためについた先生のレッスンでは、「自分がいかに適当に弾いていたか」を思い知らされました。最初の一音を弾いただけで、「何？ その適当な音」。とにかく緻密で、厳しくて。演奏のレベルが大幅に上がったので、いまでは心から感謝しています。でも当時は……。緊張しっぱなしのレッスンを終えると、先生の教室を出たすぐそばの道端でカバンを下敷きにして、録音しておいたレッスンを聞き直す。自分の演奏と先生の言葉をチェックして、指摘されたことを楽譜に書きとめる。この作業に2時間ぐらいはかけ、それから家に帰って、復習をして。いつも疲れていて、レッスンをこなすだけで精一杯でした。

受験の直前に突発性難聴を発症

そんな生活を続けていたある日、先生のところへ向かう途中で、私は動けなくなってしまいました。絶対に遅刻できないから行かなくちゃならないのに、足がすくんで前に出ない。体と心が分離したような、初めての体験でした。

そのとき初めて、気づきました。もしかしたら自分は、とんでもないストレスを抱えているのかもしれない、って。でも、レッスンはやめられない。いつも帰りの電車の中で書いていた日記は、〈親に高いレッスン料を払ってもらっているのだから、ちゃんと結果が出せるように頑張らなくちゃ！〉といった自分で自分を追い詰める内容で埋め尽くされていました。

2年近くかけて、受験のための課題曲がうまく弾けるようになってきました。でも受験の直前に、私は突発性難聴を発症してしまったんです。

音大の受験科目には、演奏のほかに聴音（聴いた音を楽譜に起こす）という科目もあります。聞こえにくくても、演奏はできるかもしれない。でも、音を正確に聴きとるのは無理です。

ああ、終わったな……。第一志望をあきらめなくちゃいけないところから、なんとか気持ちを切りかえてここまで頑張ってきたのに……。

落ち込む私を、両親はいたわってくれました。ゆっくり休みなさい、もう何してもいいよって。たぶん、私を救えなかったことで自分を責めていたんだと思います。

結局、耳の不調が治らないまま受験を迎えました。厳しい先生の指導で実技のレベルが上がっていたことに助けられ、私はなんとか第2志望の音大に入ることができました。でも正直、ぜんぜんワクワクできなかった。第一志望だった大学が消え、ピアニストの夢が消え、気がついたら、自分の夢と少しずれた場所にいた。そしてずれに気づいても、唯一の武器であるピアノにしがみつくしかない自分もいました。

第2の武器を探しに行こう

倒れ込むように入学した音大での毎日には、入学直後から違和感がありました。同級生には、大学で教えている教授に子どもの頃から指導を受けていて、「○○先生がいるから」という理由で大学を選んだ子が多かった。ピアノの世界って「どの先生に師事したか」が名刺がわりになるみたいなところがあります。だからみんな、指導教授を心から尊敬していて、レッスンにも熱を入れていました。

でも私は、そういう子たちとはバックグラウンドも熱量も違う。もちろん教授を尊敬する気持ちもあったし、ピアノもまじめに続けていました。でも「こんなピアニストになりたい」という強い気持ちは湧いてこなくて、なんとなく居心地の悪さを感じるようになっていたんです。

サークルで出会った仲間たちが刺激を与えてくれた

大学入学と同時に、私は他校（一般大学）との軽音楽サークルに入りました。サークルの雰囲気は、学校とはぜんぜん違います。子どもの頃からピアノだけに打ち込んでいた私にとって、サークルで出会った仲間たちは本当に新鮮でした。

大学生ってこんなにおしゃれで素敵なんだ、大学４年生ってこんなにオトナのおねえさんなんだ……。それまで音楽漬けだった私にとって、いままで出会ったことのない別世界の人たちでした。

私はピアノ以外のすべてを捨てて、ピアノにす

がって。それなのに、たどり着いたのは第2志望の音大でした。でもサークルのみんなは、勉強して一流大学に入るほど頭もよくて、自分で生きる力ももってて。おまけに楽器もうまかった！

周りの人たちが、とにかくかっこよくて、キラキラして見えて。同時に、「世間にはこういう人たちがたくさんいるんだ」って、自分の見てきた世界の狭さも再確認しました。

音楽の仕事では自立するのが難しい

受験する大学を決めたときから「音楽の先生になるんだ」って自分に言い聞かせてきたけれど、音大の先輩やサークルの仲間とかかわるうちに、将来に関する考え方もかわっていきました。まず、あらためて知ったのが音楽家として「食べていく」ことの難しさです。音大を首席で卒業した人でも、コンサートホールを埋められない。もちろん、それでも頑張り続けることが将来につながるんだと思います。でもそのときの私は、努力しても自立できる保証がない道に進もうとは思えませんでした。

だからといって、既定路線どおりに音楽の先生になることにも引っかかりを覚えました。学校の音楽の先生という職業は、実はかなりの狭き門。音楽の授業はコマ数が少ないので、必要な教員の人数も少ないからです。

他の楽器だったら、「楽団」という就職先もあります。でも、オーケストラにピアノ奏者の席はない。音大生、それもピアノ専攻の音大生がいかに社会での汎用性がないか、ということを思い知らされました。

必死でピアノを続けてきて、音大入って「すごい」ってほめられて、音大卒業して「よかったね」って言われて。でもその先で手に入れられるものって、実はとても限られている気がしていました。

子どもの頃からピアニストになりたい、音楽で食べていきたいって思ってきたけれど、いざそのときになると、私には「勝ち方」がわからなかった。それ以上に、60歳まで働くとして、あと40年続ける自信がない。それよりも社会人になって安定した生活を選んだほうが魅力的ではないかと思えてしまったのです。

大学卒業してから始まったセカンドライフ

大学3年の春から、私は就職活動を始めました。企業に就職する学生が多い一般大学とは違い、音大は特殊・オブ・特殊な世界。就職課には「楽団への進み方」「教員試験のためのアドバイス」みたいな、「音楽家としての就職」を支援するシステムがメインでした。

学校は頼りにならない。それなら、どうする？　悩んだ結果、私はサークルの友だちがいる大学の就職説明会に紛れ込み、情報を集めることから始めました。

音楽以外のことはわからなすぎたので、なんでも見てみよう、と思っていました。とにかく行動しなきゃ！　という思いから、100社以上の説明会に参加。なんとかつながりをつくって、人にもたくさん会いました。

アポイントを取るために、自分が入りたい会社の社員の方の出待ちをして声をかけ、就職相談にのってもらったりもしていました。

パソコン未経験のままIT系企業に就職

同時に、自己分析にも初めて取り組みました。そのとき発見したのが、私にとってのピアノって「自分のアイデアを反映させていくもの」だったということです。楽譜や求められる弾き方はあるけれど、それだけではつまらない。だれかに聞いてもらうこと、そしてその人に何かを感じてもらうことが好きだったんです。

だから仕事でも、自分のアイデアをアウトプットして、それがだれかに影響を与えるようなことをしていきたい。自分のこんな気持ちに気づいたことで、志望先が広告やメディア系など、クリエイティブな要素のある企業に絞られていきました。

最終的に入社を決めたのは、IT系企業です。「自立」にあこがれていた私にとって、「1年目からどんどん仕事を任せる」という社風は理想的でした。でもその会社になぜ入れたのか不思議でした。ＩＴ系企業を志望しているくせに、受験した時点で、私はパソコンをさわったこともなかったのですから。

後に人事の方に尋ねたところ、ピアノに熱中し、真剣に向き合ってきた人なら新たなことにもチャレンジできるだろうということから採用になったそうです。

いざ入社してみると、同期はみんな優秀でした。学生時代に起業しましたとか、自分でアプリつくってますとか……。研修で出された課題も、みんながパワーポイントでプレゼンする中、私ひとりがまさかの紙とペン。周りが「どうした？　パソコン壊れたの？」なんて騒然とする中、「えっ、パソコン使うんですか？」。

配属先の部署でも「ＩＴ企業なのに、パソコンをさわったことがない子がやって来た」と話題になっていたらしいです。

ゼロからのスタートだったから必死で働いた

ITの世界は、音楽の世界とはすべてが真逆でした。コツコツ向き合うより、瞬発力とアイデア。毎日びっくりすることだらけで、同期もみんな輝いて見えました。でも、私にはゼロから始める覚悟ができていました。ピアノの世界を離れて、これからセカンドライフを送るんだ、って決めていたから。わからないことは全部聞いてやろう、教えてもらったことは全部吸収してやろう、と決心していました。

「わからないことは何でも聞いて」って、新人なら必ず言われる言葉です。でも、私の「わからないこと」は先輩の想像をはるかに超えていたと思います。

エンジニアってなんですか。デザイナーってなんですか。プロデューサーってなんですか。社会人ってどうあるべきですか。なんでもかんでも聞きすぎて、「ググれば?」って言われたことも。そう言われて初めて、「なるほど! 聞く前に自力でググるのか」なんてことを知るわけです。

自分に力がないのがわかっていたから、人の何倍もやってやろうと思っていました。どんなに小さな仕事にも全力で取り組んで、毎日、朝から深夜まで働いて。先輩や上司にも恵まれて、仕事は本当に楽しくて、やりがいを感じていました。

会社の人たちは優秀なだけでなく、魅力的な方が多く、毎日いろいろな刺激を受けていました。初めての上司には本当によく面倒を見ていただきました。不甲斐ない私のために毎週個別ミーティングを開いてくださり、ゼロの段階から根気よく丁寧に仕事のノウハウを教えてくださいました。

その期待に応えたいという思いもあり、がむしゃらに仕事をしていくことで、やがて少しずつ責任のある仕事を任されるようになって、気がつくと社内でMVPに選んでもらえました。頑張って成長できたことは、本当にうれしかったです。そして、もっともっと頑張ろう！　と、あらためてやる気が湧いてきていました。

好きのパワーは無限大

ずっとピアノを弾いてきたけれど

PART 1

頑張らなくちゃ！の気持ちがプツンと切れた

社内でMVPに選ばれたことで、私のやる気はさらに高まりました。もっと成長したいと思ったし、周りからの期待に応えたい、という気持ちも強かった。だからいつも上を見て、「もっと、もっと」と前進することだけを考えていました。

2年目からは、数人のメンバーとチームを組む態勢になりました。自分ひとりでする仕事って、とてもシンプルです。自分でゴールを決めて、そこに到達する方法を考えてスケジューリングして、あとは頑張ればいい。でも人と一緒に取り組むとなると、そんなやり方ではうまくいきません。

当たりまえのことだけれど、他人は自分の思いどおりには動かない。私だけが頑張っても、みんなの分までカバーしきれるわけがない。自分の仕事をしながら後輩を育て、チームをまとめていかなければならない……。そんな状況で、私は「理想の自分」になかなか追いつけなくなっていました。

すべてをひとりで抱え込んでしまった結果……

ピアノの練習ではいつも自分ひとりの練習の成果が結果につながっていました。子どもの頃からその成功体験が身についていた私は自分に関わる仕事は何でもひとりでこなそうと、全部自分で抱え込んでしまっていました。

あるプロジェクトで課題をクリアしたとき、私はこれで仕事の結果を出せたつもりでいました。だから、人事考課の面談で当然、昇進を告げられると思っていました。でも、昇進には至りませんでした。このときはショックが大きすぎて、声も涙も出ませんでした。ですが、いまとなれば、会社の判断は当然だと思います。チームのまとめ役に求められているのは、ひとりでガツガツ頑張ることではないから。あのときの私には、後輩をサポートする余裕もチーム全体を俯瞰する視点も不足していました。

私は仕事にも、ピアノと同じテンションで取り組んでいました。少しでもうまくできるようになりたい、成長したい。そのためには、どんな努力だってする。努力はきっと報われる。よい結果が出なかったら、もっともっと頑張るしかない……。

練習はうそをつかない。結果を出せば認められる。こんな感覚は、私の中で絶対的なものでした。そのため、チームには優秀な仲間や後輩がいるのにもかかわらず、だれかと共有しながら仕事を成し遂げるという感覚がなかった気がします。

面談後の私は、仕事に対して「超強火」で燃えていた意欲に、一気に水をかけられたような気持ちでした。頑張る方向が見えなくなってしまったこと。何より、それまでの頑張りが自分の許容量を超えていたこと。こうした要素が重なったせいだと思います。張り詰めていた糸がプツンと切れるように、「成長したい」という意欲がなくなってしまったんです。

ある朝、目が覚めて思いました。

うわ。私、会社に行けない……。

PART 2

ハラミちゃん誕生

～人生、1回でも多く笑った人の勝ち～

休んでみたけど、「休み方」がわからない

子どもの頃からピアノだけやってきた私が音楽とはまったく関係ないIT企業に就職したのは、一度ピアノから離れたかったからです。だから、音楽を仕事にしない決心をしました。そして、パソコンさえ使えない人間が場違いなITの世界に飛び込んで、早く一人前になろうとがむしゃらに働いてきました。

でも私がしていたことは、「ピアノ」を「仕事」に置きかえただけだったのかもしれません。目の前の課題を必死でこなし、それをクリアしたら、すぐに次の課題へ。いつだって頭の中にあるのは、「上へ、上へ」。ゴールがないから、頑張り続ける毎日が永遠に続いていく……。

こんな風にピアノを頑張り続けた結果、私はストレスをため込み、受験前に突発性

難聴を発症してしまいました。つらさは感じていたのに、体にトラブルが起こるまで休もうとはしませんでした。

社会人になってからも、上だけを見て走り続けてしまいました。ストレスも疲れもたまっていたはずなのに、頑張るのをやめませんでした。だから、心と体がエンストを起こしてしまったんだと思います。

燃え尽きた私を受け止めてくれた母

ある朝、私は会社に行けなくなりました。休んだ初日は、小さな気がかりがいろいろありました。今日中にやるはずだった仕事をどうしよう。そういえばあの件、返信しておかないと……。そのときは、明日出社したらすぐにやろうと思ったけれど、翌日も会社には行けませんでした。

だんだん自分が無気力になっていくのがわかり、もしかして私、いわゆる「休職」になるのかな？　という気がしてきました。同居する両親には説明しなければと思ったけれど、くわしいことを話す気力も出てこない。結局、母にひと言だけ伝えたんです。「……私、ちょっと休職するかもしれない」。

母の反応は、忘れられません。そっかそっか、とつぶやきながら、私をぎゅーっと抱きしめてくれたんです。

久しぶりに抱きしめられてびっくりしたけれど、同時にものすごい安心感を覚えました。いろんなこと全部どうでもいいや、すばらしいパワーをありがとう、って。心の中が一気に温かくなり、自然と涙があふれてきました。

「焦らなくて大丈夫だよ。あなたはずっと頑張りすぎたんだよ。家でゆっくりしなよ、休むのも楽しいよ」。母の言葉がじんわりしみて、私は休職を決めました。

遅れてやってきた子ども時代

4歳でピアノを始めてから、私はまともに休んだことがありませんでした。学校が休みになる夏休みだって、私にとっては学校の時間がピアノの練習にかわるだけ。大学までピアノ中心の生活をして、大学時代の後半は忙しく就活もして。社会人になってからは、朝早く家を出て深夜に帰宅する毎日でした。

休職した最初の頃は何もする気になれず、ひたすら寝ていました。でも一日中寝ているような時期が過ぎると、起きている時間に何をするか？　という疑問が湧いてきました。私にとって初めての経験なので、「休み方」がわからなかったんです。

とりあえず子どもの頃に見られなかった『ワンピース』を観てみました。お菓子を食べながらボーッとしたり、無理なくできることだけをして過ごした時間は、私にとって「遅れてきた子ども時代」だったような気がします。

自分なりに休んではいたけれど、スマートフォンを見るのはつらいままでした。映画を見たりゲームをしたりするのはいいけれど、ネットニュースやSNSは見られない。うっかり見ると、自分だけが世間から取り残されているような気分になってしまうんです。自分が「社会の一部」だった頃にはなじんでいたものが、そのときは触れるのがつらいものになっていました。

私って八方美人だったんだ

休職中は会社からの連絡もなく、話し相手といえば家族だけ。家族とも「この先どうしよう」なんて話はせず、おもな話題は「今日、何食べる?」なんてことでした。

そんな生活をしばらく続けるうちに、私は焦りを感じはじめました。

自分はまだ20代なのにこんな状態でいいのか、これからもずっとこの生活を続けるのか……。いつも何かに打ち込んできた私が何もしないままでいることが不安になってきてしまったんです。

家族には、のんびり休んだら? って言われていました。でも、焦りは強まるばかり。そのうち、自分の中のモヤモヤの正体を知りたくなってきました。

きっと私のモヤモヤにも理由があるはず! ゆっくり休めば自然に解消されるの

かもしれないけれど、少しでも早く知って、自分でなんとかしたかったんです。

とにかく何かやらなくちゃ、と考えたときに思いついたのが、「自分を知る」ということ。就活のときにも自己分析をしたけれど、あのときより何倍も深く自分を掘り下げてみよう！　とひらめきました。そこで、早速パソコンを開き、気になる本を全部クリックして、注文しました。

3か月かけてとことん自己分析

購入して家に届いた本を片っ端から読み、自分が感じたことや気になったことをスケッチブックが真っ黒になるほど書き出しました。これまでの自分を振り返り、どの時期にどんな気分で生きてきたのかに注目してみたり、これからどう生きていくのかを考えてみたり。3か月ぐらいかけて、とことん自分と向き合いました。

その中でも集中して行ったのが、「ジョハリの窓」という自己分析ツールです。

これは、自分自身で見た「自分」と、他の人から見た「自分」の情報を分析するも

ので、

① 自分も他人も知っている部分（開放）
② 自分では気づいていないけれど、周りの人が知っている部分（盲点）
③ 他の人は知らないけれど、自分は知っている部分（秘密）
④ 自分も他の人も知らない部分（未知）

について考え、3か月間とことん自分と向き合いました。その結果、意外な事実にたどり着きました。

それは、私が「他人の目」に強く影響を受けてきたということ。いつも他人にどう見られているかを気にして、よく見られたいために自分の考えや行動をかえてしまうことまであった、ということです。

たしかに私には、「嫌われたくない」という気持ちが強くありました。親にも、友だちにも、ピアノの先生にも、上司にも、とにかくだれからも嫌われたくないと思っていました。つまり、八方美人だったんです。

みんなに好かれようとするのは、べつに悪いことではありません。でも私の場合、八方美人を発動しすぎて、自分が疲れてしまっていることが問題でした。

私は、本当にやりたいことをしていなかった

小学1年生のときに音大受験のテキストを渡されて、自分は音大に行くんだ、と思いました。そのために必死で頑張ったけれど、受験のためについた先生に志望校は無理、と言われてしまった。だから先生に言われるままに受験する大学を変更し、目標もピアニストから音楽の先生にシフトしました。音大には入れたけれど、自立することを優先して一般企業に就職しました。

全部自分で選んできたと思っていたけれど、よく考えると違いました。つらくてもピアノをやめなかったのは、親をがっかりさせたくなかったから。ピアニストを目指す自分を応援してくれるんだから、その期待に応えなきゃ、という使命感のようなものもありました。高校生のとき、あっさり志望校も将来の目標もかえてしまったのは、厳しい評価をするピアノの先生が怖かったから。ＩＴ企業に就職したのも、「絶対に

こんなアプリをつくりたい！」なんて情熱があったからではありません。「自立するためにはどうすればいいか」から逆算して選んだだけです。

気がつくと、私はこれまで、本当にやりたいことをやっていなかった。周りから好かれること、認められること、評価されることを優先して、ずっと自分の本音から目をそらしてきました。そして八方美人でい続けようとしたことが、私を苦しめていたんです。

ピアノと再会させてくれた会社の先輩Kさん

会社を休みはじめてから、会社の人からはパタッと連絡が来なくなりました。でも、あまりさびしいとは思いませんでした。さびしさより「そりゃ、そうだよね」と納得する気持ちが強かったからです。

ちょっと前まであんなに元気で、がむしゃらに仕事をしてた仲間が急に会社に来なくなる。逆の立場だったら、私だって連絡なんてできません。どう声をかければいいのかわからないし、自分の何気ないひと言が相手を傷つけてしまったらどうしよう？　なんて怖さもあるし。おそらく社内でも、「休職中は刺激せずにそっとしておこう」というのが暗黙のルールになっていたんじゃないかな、と思います。

でもそんな中、気軽に連絡をくれた人がいました。それが、会社の先輩Kさんでした。

Kさんは上司だったわけでもないし、同じチームで仕事をしたこともありません。たまに話す気の合う先輩というだけの関係です。それなのに、電話が来たんです。最初は会社の人と話すのも怖かったので、反応しませんでした。

それでもKさんは何度か気さくに連絡してくれて、私の中でもこんな風に自分を心配してくれる人がいるなんてありがたい、って思えるようになり、あるとき電話に出たんです。でも、出たのはいいけどあまりうまくしゃべれないままでした。

Kさんに誘われて、ピアノのある都庁へ

Kさんは会社にいる頃からYouTubeに興味があって、趣味としてたまに動画を配信していました。私も2～3回、ピアノを弾く手元の撮影に協力したことがあったので、Kさんは私がピアノを弾けることを知っていました。

ある日突然Kさんが「東京都庁に、だれでも弾けるストリートピアノがあるの知っ

てる？　ずっと外に出ていないだろうから、ちょっと行ってみない？」と誘ってくれました。Kさんの口から出た「ピアノ」という言葉が無意識のうちに心に響いたのか、そのとき私も自然に、行ってみようかな？　という気持ちになれたんです。

都庁に着いて、エレベーターで45階の南展望室へ。私は展望室に行くのも初めてだったし、「ストリートピアノ」なんてものがあることも知りませんでした。

エレベーターのドアが開くと、部屋のまん中に黄色いピアノが。久しぶりに外出したその日は、「とりあえず外に出てみよう」ぐらいのつもりでした。「ストリートピアノ」ってどんなものかな？　とは思っていたけれど、弾く気満々だったわけじゃなかった。でもピアノを見た瞬間、自分の中で忘れていた情熱や懐かしさ、悔しさや愛着などの感情が一気に「うわ～」っと込み上げてきて、気がついたら当たりまえのように、ピアノの前に座っていました。

本当の幸せは都庁にあった？

都庁に向かう電車の中で新宿の景色を見たときから、なんとなく頭の中に映画『君の名は。』のイメージが浮かんでいました。真っ青な空を背景にしたビル街に明るい光が射し込む、きれいなシーン……。

展望室に着くまでは、本当にピアノを弾くかどうかもわからなかったし、弾く曲もちゃんと考えていませんでした。でもピアノの前に座った瞬間、ここで弾くなら『君の名は。』の主題歌『前前前世』だな、って思ったんです。

ピアノを弾くのも久しぶりだし、人前で演奏するのなんて数年ぶり。選んだ曲も、前に一度弾いたことがあるだけだったので、ちゃんと弾けるかどうかもわかりませんでした。でもそのときは、何も考えずに手を動かしはじめていました。

自分の音を聞いてもらうことって気持ちいい！

私が通っていた小学校には、音楽室に自由に弾けるピアノが置いてありました。あるときそのピアノで、当時流行していた曲を弾いたんです。友だちに言われてなんとなく弾いただけなのに、あっという間にわーっと人が集まってきました。

クラスの友だちだけじゃなく、違う学年の子も聞きに来て、吹き抜けになっていた2階の部分が人でいっぱいになりました。自分のピアノを聞いて、みんながこんなに楽しそうにしてくれるなんて……と、びっくりしました。でもすごくうれしかったし、弾くことが楽しかった。発表会やコンサートで演奏するのとはぜんぜん違う、新鮮な体験でした。

都庁でピアノを弾いているとき、小学校でピアノを弾いたときの感覚がよみがえってきました。ああ、自分の音をだれかに聞いてもらうのって、こんなにうれしいことなんだ。こんなに気持ちいいことなんだ！

コンクールや受験のために練習していたときはいつも、「ミスったらどうしよう」「一音一音こう弾かないと」なんて考えで頭がいっぱいでした。でも、そんなことはまったく浮かんできませんでした。シンプルに、ただただ「ピアノを弾くのが楽しい」と思えました。

自分にとっての「幸せ」を見つけた

弾き終わって帰ろうとしたとき、年配の女性3人組に声をかけていただきました。

「さっき弾いていたの、あなたよね？　すごく上手だった！」

「ピアノを聞いて、なんだか元気になったわ」

「ねえ、もっと弾かないの？」

まったく知らない人に話しかけるのって、けっこう勇気がいることだと思います。でも、私の弾いたピアノに感動したからと、自然なかたちで話しかけられる雰囲気が生まれる。音楽ってこんな風に人と人をつなげてくれる力があるんだと実感し、私自身、このとき声をかけてくださった女性たちへの「感謝」と「幸せ」な気持ちでいっぱいになりました。

4歳からずっとピアノを弾いてきました。負けたくないっていう気持ちがあったからひたすら練習を続けたし、それで上達すれば充実感もありました。ただそれは「幸せ」というよりも、「期待に応えなくちゃ」という義務感のほうが強かった気がします。

おいしいものを食べているときや、夜ふとんに入るときは幸せを感じます。でも、そうじゃなくて。日々の小さな幸せとは違う、もっと圧倒的な「幸せ」があるんじゃないか。そんな気持ちをずっと抱えていたけれど、本を読んでも、自分探しをしても、答えは出てきませんでした。

でも、都庁でピアノを弾いたとき、私は最高に気持ちよかった。そして演奏後に話しかけられたとき、ピアノで生まれたつながりを実感して気持ちがほっこりしました。

この日私は、探していた「幸せ」を見つけました。

どんなに頑張っても人はひとりじゃかわれない

Kさんが始めてくれたYouTubeの配信はびっくりするぐらい再生されていましたが、まだ私にとってピアノを弾くことは、「心のリハビリ」でした。

ちょうどその頃、会社の方と話す機会があり、今後どうするかの意思表示を求められました。休職の延長か、復職か、退職か。

うわ、これどうしよう……。正直、めっちゃくちゃ悩みました。少しずつ気力も戻ってきていて、復帰して頑張ろうと思えばできなくもない、という状態でした。転職することも考えました。このまま思いきり休んでみるのもアリかな、とも思ったし、YouTubeでもっと表現してみたいと思う日もあったり。あれこれ悩んでしまってなかなか決断できませんでした。

私とは真逆の価値観をもっているスタッフKさん

ストリートピアノの楽しさを知ってから、ピアノへの思いが強くなっていたのは確かです。

でも、ピアノが最優先の生活をしてきた私は、だれに言われたわけでもないのに「楽しいことは2割で十分」と勝手に思い込んでいました。毎日の生活は、たいへんなことや苦しい努力が8割。楽しんでいたら置いていかれるから、友だちと遊ぶのもアニメを観るのも、自分に少しだけ許可できる「ごほうび」でした。

頑張ることが当たりまえで、評価されたらもっと上を目指す！　こんなやり方しか知らなかった私と真逆なのが、会社の先輩Kさんです。

Kさんは、「競争より共存」の人。仲間と一緒に何かをすることや楽しく生きることに軸足を置いています。人生の10割を楽しいことをしようとするKさんを見て、最初は「そんなのアリ？」「こういう人ってどうなの？」なんて、びっくりしたりあきれたり。会社での私はいつも必死で、そんなつもりはないのに、周りから「ちょっと怖い」って言われることもありました。でもKさんはいつも笑ってて、周りにはユルい空気が漂って、みんなから愛されていました。

会社側から選択を迫られて迷っていたとき、ふと頭に浮かんだのが、以前Kさんから言われたひと言でした。「人生、一度でも多く笑った人の勝ち」。このKさんの何気ないひと言が、私にとっては、ものすごく新鮮な言葉でした。

自分が行きたい方向に行ってみよう！

自分のこれからについて、選択肢を並べてみました。休職を延長するか、復帰するか、転職するか。このまま休み続けてYouTubeに力を入れてみるか。そしてKさんの価値観に当てはめてみたら、パッと答えが出ました。私がたくさん笑えるのはピアノを弾いていろいろな人に聴いてもらえること。

そして私は「ハラミちゃん」になりました。

もちろん不安もありました。YouTubeで動画配信するだけで生活していける？　自立したいと思っているのに、親に迷惑をかけることになったらどうする？　少し前の私だったら、怖くなって「やっぱり会社に戻ろう」と思っていたかもしれません。でもこのときは違いました。

就職してから働いてばかりだった私には、少しだけれど貯金がありました。とりあえず、貯金がつきるまでやってみよう。一度ぐらい、遠回りせずに幸せを感じられるほうへ行ってみよう。こんな風に思えるようになったのは、Kさんのおかげです。

自分が笑顔でいられることを選ばなきゃ！

あらためて考えてみると、私はとにかく人目を気にしていました。

子どもの頃から、とにかくだれからも嫌われたくなくて、学校でも、同じクラスに自分のことを好きじゃない人がひとりでもいたら動揺しちゃうようなレベル。小学生の頃の私は校内でもピアノキャラで知られていました。

そのため、合唱コンコールでは「ハラミちゃんのいるクラスは絶対優勝する」と思われていて、自分でも「優勝したい」と思っていました。それなに、仲のよかった隣のクラスの女の子に「私のクラスのコーラスの面倒も見て」と言われると、その子に嫌われたくない一心で引き受けていました。しかも、自分のクラスの子に「なんで隣のクラスの味方をしているの？」と言われたくないという気持ちから、できるだけバレないようにこっそり隣のクラスのコーラスを指導するという始末。だれも傷つけたくないし、自分も傷つけられたくない、っていう意識がすごく強かったんです。

同時に、「頑張ってる人」とも思われたかった。

「頑張っている人と思われたい」×「嫌われたくない」の相乗効果でどうなったか？私は「断れない人」になっていました。たとえば会社では、仕事だろうと雑用だろうと、頼まれると断れない。だからいつでもたくさんの案件を抱えて、夜遅くまで仕事をしていました。

ちょっと無理なんだけどな、ということも、断ったらきらわれるかもしれないと思うと引き受けるしかない。それをするためには自分の時間や労力をつぎ込まなきゃいけないのがわかってても、NOと言えませんでした。そしてひたすら頑張る自分に、どこかで満足もしていました。

いつだって「すごいね」と言われたかった

音大を卒業後、音楽の仕事ではなくあえてＩＴ系企業を就職先に選んだのも、業界や会社にどうしても入りたいという情熱があったからではなかったのかもしれません。ちゃんとお給料をもらって自立したかったこともあるけれど、それ以上に「音大に行ったのに、ＩＴ企業に就職できるなんてすごい」と言われたい、という気持ちが強かったような気がします。ただ頑張っているんじゃなくて、できれば「かっこいいところで頑張っている人」でありたかったから。

いい人だね、頑張ってるね、すごいね、かっこいいね。そんな風に言われたい気持ちが強くて、いつの間にか「人に評価されること」が自分の行動まで左右するようになっていました。

おまけに私は、自分がやりたいことでなくても、「やらなきゃ！」と思い込むとがむしゃらに打ち込んでしまう。やりきれば一瞬、達成感が得られます。でもやっぱり、心の奥にモヤモヤは残る。どうして私ばっかり、こんなに頑張らなきゃいけないの？　こんなに疲れてるのに、まだやらなきゃいけないの？　そんな本音に気づかないふりをして、私はすべての人に「いい顔」を見せようとしてきました。

Kさんによると、在職中の私は「よく言えば責任感が強い、そのまま言えば人に仕事を任せることができない人」。そんな私を見て、Kさんは「いつか倒れそうだな」と思っていたそうです。

他人の目を気にして自分をかえる必要なんてない

「ハラミちゃん」活動を始めてから、私はずいぶんかわったと思います。いまの私の基本ルールは、「自分が笑顔でいられることを選ぶ」。もう、八方美人は卒業です。

たとえば、以前は気が進まない飲み会でも誘われれば断れずに参加していましたが、いまは行きたくなければパス。「断ったらどう思われるか」ではなく、「自分が楽しいと思えるか」を行動の基準にできるようになりました。

YouTubeなどでの発信が増えると、コメントなどの中には否定的なものも出てきます。以前の私だったら、アンチコメントを1件でも見たら「ヤバいヤバい!」って動揺し、「いけないところをかえなくちゃ」と思っていたかもしれません。でもいまは、「応援してくれるお米さん(ファンの方)もいるから、大丈夫」って、落ち着いて受け止められる。もちろん、ダメージがゼロではないけれど、人の評価に合わせて自分をかえなきゃ、とは思わなくなりました。

いつだって、自分が笑顔でいられることを選ぶ。Kさん流のこんな価値観をもてたことで、私の視点は大きくかわりました。自分を軸にしてものごとを見られるようになり、しっかりと地に足をつけて生きられるようになった気がします。

PART 3

音楽のこと、ちょっと深掘り

～「絶対音感＝天性のもの」ってわけじゃない～

「あいうえお」よりも「ドレミファソ」を先に覚えた子ども時代

私がピアノを始めたきっかけは兄でした。

子どもの頃の私はものすごいお兄ちゃんっ子で、兄がすることを何でもマネしていました。最初の頃は家にあった8000円くらいの電子ピアノを兄と並んでピコピコと弾いて遊んでいました。兄がピアノを習いはじめると、兄の付き添いで同行する母に連れられてピアノ教室に行く感じでした。そうしているうちに、兄がピアノを弾いている姿にあこがれて「私もやりたい」と言っていました。

ピアノ教室に通い始めたのは4歳。遊び感覚で音符を覚え、気がつくと「あいうえお」の書き方よりも「ドレミファソラシド」のほうを早く覚えていました。ピアノが好きというよりも、ゲームをクリアする感覚でした。

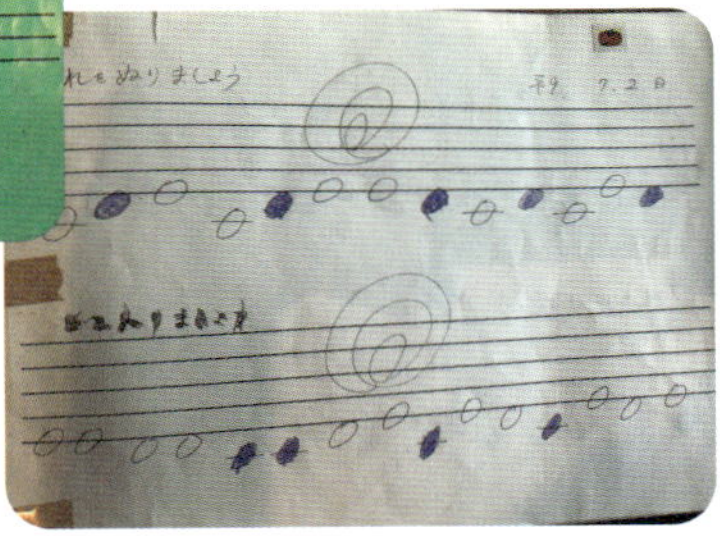

音符の位置などについて学
習していた『おんがくのーと』

子どもの頃は大好きな兄（写真右）のマネばかりしていました

会社員の両親と芸術家の祖父母

私の実家が二世帯住宅だったこともあり、子どもの頃から祖父母には可愛がってもらいました。

両親は共働きで、ごく一般的な会社員。音楽の世界とは何の関わり合いもない仕事をしていました。ただ、祖父母のほうは、祖父が彫刻家、祖母が書道家と芸術に携わっていたこともあり、勉強よりも芸術的なことのほうがほめられる環境で育ちました。だから、ピアノの練習を頑張るとほめられるのがとてもうれしくて、ほめられたいからさらに練習するという状況でした。演歌が好きな祖母の伴奏もよくしていました。祖父母の影響がいまの私につながっているのかもしれません。

実は両親は私にピアニストにはなってほしくなかったらしいのです。

ピアノの厳しい世界に身を置くよりも、一般的な安定した生活を送ってほしいと望んでいたようです。それでも、子どもが望むことへのサポートには惜しみなく力を注いでくれました。

父のポリシーとして「芸は身を助ける」というのがあって、私もよくその言葉を聞かされていました。

たとえば、ピアノが弾けたら、演奏することを仕事にしていなくても、特技として大きな強みになります。音楽を通じて人とのつながりが生まれれば、コミュニケーションの幅も広がるという考えがあったようです。

小学6年生のとき、父親が「いい音楽を身につけるのには、いい楽器で奏でないとダメだ」と高価なグランドピアノを買ってくれました。それまではアップライトのピアノで練習していたのですが、ある日突然、ごく一般の家庭に本格的なグランドピアノがやって来たのです。

このとき私は「ここまで自分を応援してくれるんだから、その期待に応えなきゃ」という使命感のようなものを感じ、さらにピアノの練習に励むようになりました。

夢は「お笑いピアニスト」

周りの人を笑顔にしたいという考えは小学生の頃からありました。人に笑ってもらえるのがとにかくうれしくて、家でピアノを弾くときも、まずは、一発ギャグをやってから弾き出すといった感じで、当時の私は「お笑いピアニストになりたい!」と言っていたくらいです。

登下校のときも、みんなで楽しむゲームを考えたりしていて、面白いと思ってもらえることがうれしくて、周りの人を笑わせたい、喜ばせたいという気持ちが強くありました。

ポップスを弾くことは友だちを楽しませる「芸」だった

ピアノを習いはじめて間もない頃、幼稚園のピアノで『うれしいひなまつり』を弾きました。私が人前でピアノを弾いた、初めての体験です。

だれかに聞かせようと思ったわけではなく、たまたまピアノ教室で習ったから弾いてみようと思っただけでした。でも弾き終わると、友だちの反応がすごかった！「ハラミちゃん、ピアノ弾けるの？」なんて、うわ〜って盛り上がって。その日以来、みんなの私を見る目がかわりました。

私にとって、みんなのリアクションは完全に想定外。すごくびっくりするのと同時に、「自分がピアノを弾いたら、みんなが喜んでくれるんだ」とも思いました。

ピアノを弾くと、友だちが楽しんでくれる

小学校では、音楽室にピアノがありました。あるときそこでポップスを弾いたら、すごい人数が集まってきて。それ以来、たまにそのピアノを弾くようになりました。勉強よりピアノに力を入れていた私は、とくに成績もよくないし、運動もできない。クラスでも「ただの背の高い子」ぐらいの存在だったと思います。でも一度ピアノを弾いてからは、友だちからの反応がよくて。私はただ、習ったことをしているだけなのに、すごくほめてもらいました。

ピアノを弾きはじめるとみんなが集まってきて、目をキラキラさせながら聞いてくれる。その楽しさだけでなく、「ハラミちゃん＝ピアノ」というアイデンティティが確立できたことも支えになりました。ピアノを弾くことで人気者でいられる、ということがうれしかったんです。

ピアノの練習に時間を費やす分、他のことに疎くなりがちなところがあって、みん

なは知っているけれど自分は知らない曲もあります。だからはやっている曲を聞いて、リクエストに応えられるようにこっそり練習していました。

その頃から、ポップスを弾くのは大好きでした。自分も楽しいし、友だちを喜ばせることもできる。私にとって友だちの前で弾くピアノは、自分の武器であると同時に、休み時間を盛り上げる「芸」のようなものでもありました。

ポップスを弾くことの楽しさ

同じピアノでも、クラシックとポップスでは弾き方がまったく違うと思います。以前、私の演奏を初めて聞いたピアニストの方に、「ハラミちゃんはポップスを弾いてるけど、クラシック出身だね」と言われたことがあります。聞き分けられる人が聞けば一瞬でわかるぐらい、弾き方が違うということです。

音大入試の課題曲がクラシックなので、ピアノの先生からは私がポップスを弾くのを禁止されていました。ポップスの弾き方の癖がつくと、クラシックの基礎に影響を及ぼす可能性があるからです。だからポップスの練習は、先生に隠れて家でこっそりやっていました。流行の曲を耳コピして弾いてみると、クラシックには決して出てこない和音やリズムがあって。当時から私は、そんな新鮮さにすごく惹かれていました。

クラシックでは、一音一音考えながら弾くことを求められます。先生から言われたことで頭をいっぱいにしながら、正確にアウトプットできるようになるまでひたすら体にしみ込ませていく。課題をひとつクリアすると、またすぐに次が出てきます。音楽って「楽しい」っていう字が入ってるけど、ぜんぜん楽しい領域にたどり着けない……って、いつも思っていました。

いまだからクラシックのよさもわかるけれど、必死に練習していた頃は「ヤバい、ヤバい、やんなきゃ、やんなきゃ」と追い立てられながら課題をこなしていた感じ。でもポップスは、自発的に弾きたいと思ったし、純粋に興味もありました。だからといって、自分が将来、ポップスを弾くピアニストになるなんて考えもしなかったけれど。

絶対音感はトレーニングで身につけた

絶対音感があります、っていうと、「天才！」なんて勘違いされることがあります。絶対音感＝先天的にもっているもの、というイメージがあるからだと思います。

意外に知られていないけれど、絶対音感のもち主には、生まれつきもっていた人と後から身につけた人の2種類があるんです。そして私は、地道なトレーニングで絶対音感を身につけたタイプです。ただ、子どもの頃の私にはその概念はなく、音当てゲームに参加している感覚でした。

私は、4歳から通っていた教室で聴音のトレーニングもしていました。ピアノに背中を向けて座り、先生が出した音を聞いて何の音かを答える。それを延々と2〜3時間繰り返すんです。

最初は、「ド」「ミ」といったひとつの音。できるようになると2音の和音、3音の和音、と少しずつ難易度が上がっていきます。当時はなんのためにしているのかわからなかったけれど、気がついたら音を聞き分けられるようになっていました。

絶対音感は自由にオン・オフができる

個人差があるみたいですが、私の場合、絶対音感にはスイッチがあり、オン・オフが自由にできます。音が「ドレミ」に聞こえるのは、自分が意識したときだけ。普段はスイッチをオフにしているので、「風の音が不快な和音に聞こえてイライラする！」なんてことはありません。

ただ音に敏感なせいか、ピアノを弾くとき「ちょっとだけの違い」が気になることはあります。たとえば、「耳コピ」をしようと思って聞いた曲の「ド」と、実際に弾いたピアノの「ド」が微妙に違う！　みたいなことです。

「ド」の音の中にも、「シに近いド」から「レに近いド」まであります。どちらも「ド」

なんだけれど、聞いた音と弾いた音が違ったり、いつも弾いている自分のピアノと別の場所で弾くピアノの音が違ったりすると、なんだか気になる。これは、絶対音感のせいだと思います。

「耳コピ」が得意なのは絶対音感のおかげ

諸説ありますが、私的な見解だと絶対音感は、精度によってさらに3種類ぐらいに分けられます。第1段階が、楽器で鳴らす音がわかる人。第2段階が歌声。第3段階になると、おしゃべりや環境音なども聞き分けられるようになります。

楽器は音階に合わせて音を出すようにつくられているので、「ドレミ」に当てはめやすい。人の声は楽器のように音程が安定してはいないけれど、歌うときには音階に合わせるので、比較的聞き分けやすくなります。でも、同じ人の声でもおしゃべりをするときは音の幅が広がります。風や雨といった自然の音や生活音も音階に合わせたものではないので、聞き分けが難しいんです。

たとえば第1段階の人の場合、バンドの演奏を聞いてギターやベースのコピーはすぐにできるけれど、メロディーラインのコピーには苦労したりする。楽器の音より不安定な人の歌声を、とっさに「ドレミ」に変換できないからです。

私は訓練して、第3段階までの絶対音感をもてるようになりました。でも、ずっと勉強していたクラシックの演奏は、楽譜どおりに弾くことを求められていたので、必要とされていませんでした。絶対音感があることのメリットを実感したのは、ポップスを弾くようになってからです。

ストリートピアノを弾きに行ったとき、その場で聞かせてもらえれば、自分が知らない曲でもそれなりに弾ける。とっさに「耳コピ」ができるのは、楽器の音も歌声もスムーズに聞き分けられるからです。リクエストに応えて喜んでもらえたとき、絶対音感を習得してよかった！　と思うようになりました。

耳コピして演奏する感覚は、「口が指」

ストリートピアノを弾くときは、現地に行って場の雰囲気や通行人の年代などを見てから、ハラミスタッフKさんと相談して曲を決めています。たとえば品川なら会社員の人が多いし、二子玉川なら親子連れの方が目立ちます。みんなに楽しんでほしいから、各場所で、聞いてくれる人が知っていそうな曲を選ぶようにしています。

その場でリクエストしてもらうのも、すごくうれしい。知っている曲ならすぐに弾くことができるし、知らない曲でもその場で耳コピすればだいたい弾けます。

聞いた曲を譜面にせずに弾く「耳コピ」は、演奏とは別の技術なので、得意・不得意があります。私はわりと得意なタイプなのだと思います。メロディーに伴奏をつける方法などもピアノの先生に習ってきたので、小学生のときにはポップスを耳コピして弾く、ということができるようになっていました。

耳コピで演奏するときの感覚って、どういう感じ？　って聞かれることがあります。ひと言で表すなら「口が指」という感じです。初めて聞いた曲でも、印象に残ったメロディーを口ずさんでみることはだれでもできるはず。私の耳コピも、それと同じです。違うのは、歌うのではなく弾く、ということ。口ではなくて指で鼻歌を歌っているような感じ、というのがいちばん近いような気がします。

その場で耳コピするときは、記憶力を知識でカバー

即興で耳コピするときは、伴奏まで含めてコピーすることがほとんど。メインのボーカルだけでなく、ギターやベースなどの音も再現するようなイメージです。

あいまいな部分や弾きながらつけ足す部分が不自然にならないのは、「次に鳴る音がわかる感覚」があるからだと思います。音楽の勉強をしてきたので、コード進行のパターンは頭に入っています。だから、よほどトリッキーな曲づくりがされて

いない限り、初めて聞くときから「次はこう来るな」と予想することができるんです。流れを予想しながら曲を聞き、メロディーと、「このフレーズは3回繰り返す」みたいなポイントを覚えます。それを組み合わせることで1曲に仕上げることができるというか……。聞いた音を全部覚えているわけではなくて、音楽的な知識で記憶をカバーしながら弾いているような感覚です。

両手と足を同時に使うピアノって、脳を刺激するらしいです。そのせいかどうかはわからないけれど、私も記憶力はかなりいいほうだと思います。学生時代、英単語を覚えるのもめっちゃ得意でした。まあ、単語が覚えられるだけで、英語はできないんですけど(笑)。

子どもの頃からレッスンを続けて、1音ごとに音の長さや強さ、表現のしかたなどを記憶して演奏に反映させる練習を繰り返してきました。だから、聞いたことをパッと頭に詰め込んでアウトプットする、というのは私にとって自然なことでした。いまはそれが、耳コピの演奏に生かされているのかもしれません。

音大生は一日中ピアノを弾いている……？

音大って特殊なイメージがあると思います。「学校で何やってるの？」なんて聞かれたこともあります。子どもの頃から音大を目指していた私にとっては当たりまえのことも、音大以外の学校に行った人にとっては珍しく思えるかもしれません。

まず、音大だからといって、学校で一日中楽器を弾いているわけではありません。学生は入学すると門下（ゼミのようなもの）に入り、担当教授から個人レッスンを受けます。でも、このレッスンは週に1回です。もちろん、レッスンを受けるためには練習が必要なので、学校には練習室があります。学生は、授業の合間の空き時間にそこで練習し、自宅でも練習します。だから楽器を弾いている時間が長いのは事実。でも実技の授業のコマ数は、それほど多くないんです。

実技以外には、音楽理論や音楽史といった音楽の専門科目や外国語、教職課程のための必修科目として日本語や憲法・体育の授業もあり、副科としての実技科目など。一般大学と同じような座学も多いのですが、専門科目の中には、音大でなければあり得ない！　というものもあります。

私がいちばん印象に残っているのが、「手を叩く」だけの授業です。リズム感をきたえるため、楽譜に合わせて、全員で手を叩く。それも、両手をしっかり合わせて「パンッ！」といい音が出るように叩くのがルールです。叩く音が少しでもずれたら、そこで脱落。これを延々と90分間続ける授業でした。

みんなで手を叩き続けるのは、かなりシュールな光景。でもやっている学生は真剣。私も負けずぎらいな気持ちに火がついて、「絶対に脱落したくない！」と本気で頑張りました。

「自分を信じること」も教えてくれた担当教授

音楽には心のあり方もかかわってくるので、何かの講義の中で音楽家のマインドに関することをとりあげたこともありました。そのときは、学生が全員で輪になって深呼吸。吸ってー、吐いてー、をひたすら繰り返しました。

ゼミの担当教授も、音楽家の精神面を大切にする方でした。教授によると、観客全員から注目される中、たったひとりでパフォーマンスしなければならないのは、たとえばフィギュアスケート選手とピアニスト。そんなすごい場に立てるチャンスを与えられる人はあまりいないのだから、緊張して委縮するのではなく、「せっかくのチャンスを楽しまなきゃ損!」と考えなさい……。こういった気持ちの整え方についても毎週のように話してくれました。

悲しい気持ちで弾いても、悲しい音は出ない

ポップスを弾くようになってから、「楽しそうに弾くね」って言われるようになりました。演奏する人の気持ちと音って、ものすごく関係がある！　といまは思います。でも音大を目指してレッスンしていた頃は、「感情が音楽に反映される」なんて感覚はほとんどありませんでした。

高校生ぐらいまでの私は、先生に言われたことを次回のレッスンまでにこなすことで精一杯でした。先生から指摘されるのも、ほとんどが技術的なこと。感情表現に関する注意は、全体の1割ぐらいでした。その頃はまだ、「感情を表すために必要なテクニック」を教えてもらっている段階だったからだと思います。

音で感情を表すのって、単に感情を込めて弾く、ってことじゃないんです。聞い

た人に感情を伝えるために必要なのは、演奏する人の思いの強さではなく、テクニック。技術がないのに感情だけで弾くと、グダグダになっちゃうんです。

音で感情を伝えるためにはテクニックが必要

たとえば4拍子の曲で、1小節に四分音符が4つ並んでいるとします。その場合、同じ長さで4回、鍵盤を押すことになります。でもこの弾き方を緻密に見ていくと、いろいろな表現が可能になってくるんです。

1音目を弾いた後、2音目を弾くときは、最初の鍵盤から指を離して次の鍵盤を押します。実はこのときの「間」の空け方で、聞こえ方がかわってくるんです。「間」といっても、0・何秒の世界。わかりやすくいうと、音と音の「間」が短いと悲しげに、長いと楽しそうに聞こえます。「間」の取り方に加え、指のどの部分で鍵盤にタッチするか、なども音の質にかかわってきます。

また、表現には音の「強さ」も重要です。たとえば、楽譜に書かれている「pp（ピアニッシモ)」。直訳すると「とても弱く」です。でも、「とても」ってどれぐらい？ピアニッシモの記号ひとつで簡単に表されているけれど、その表現のしかたにはめっちゃ種類があります。消えそうな弱々しさもあれば、赤ちゃんみたいなかわいらしい弱さ、小さな中にも意志を感じさせる弱さ……。ピアノを学ぶ人は、こうした表現につながる音を何種類も出せるようにレッスンを重ねているんです。

テクニックが完璧に身についている人なら、感情を込めて弾いたものがすばらしい音楽になるかもしれません。でもテクニックの習得を省略してしまうと、音で感情を伝えるのは難しい。涙が出そうなほど悲しい気持ちで演奏しても、悲しそうなのは顔だけ、なんて残念なことになってしまうと思います。

クラシックは作曲者の感情を表現する音楽

音楽を通して伝えるのがだれの感情か？　ということも大切です。ポップスは自由度が高いけれど、クラシックには厳密なルールがあります。音楽で表現するべきなのは、作曲者の気持ちを伝えることが求められます。

たとえば悲しい曲を弾くとき、たまたま嫌なことがあって自分が悲しい気持ちでいたとしても、その気持ちを重ねればいいわけではありません。その曲に込められているのが「モーツァルトが母親を亡くしたときの悲しさ」であるなら、モーツァルトのその思いを伝えなければならないんです。

もちろん、200年以上前にヨーロッパで生きていた人の気持ちなんてわかりません。だから作曲者本人について学んだり、時代背景を調べたり、関連する資料を見てイメージをふくらませたり……。いろいろ勉強して、幼いモーツァルト少年と母親の別れのシーンを自分なりにつくり上げていきます。こんな準備をしているから、演奏中はモーツァルトの顔が頭の中でグルグル回っているような感覚になります。

クラシックの場合、コンクールで評価されるのは、作曲者の気持ちへの深い理解と、それを表現できる高い技術をもっている人。自分の感情を出してしまうのは、よくないことと言われていました。演奏者は「表現者」というより、作曲者の思いを伝える「伝道師」のようなあり方を求められているのかもしれません。

表現の基本はクラシックが教えてくれた

私はクラシックを勉強してきたけれど、ポップスを弾くようになりました。クラシックとポップスには、もちろんいろいろな違いがあります。でも私は、「まったく別のもの」とは考えていません。

だって、クラシックだろうとポップスだろうと、聞こえ方は違うかもしれないけれど、結局音楽です。そして、演奏するときの「音への理解」みたいなものもあまり違わないと思っています。

たとえばX JAPANの『Forever Love』を弾くとき。サビの「Forever Love Forever Dream」の部分は、同じフレーズが2回繰り返されています。これをどう弾くか？

私は、まったく同じように弾いちゃったら意味がない、と思うんです。

弾き方を考えるときは、作詞・作曲者であるYOSHIKIさんは、なぜ同じフレーズを繰り返したのか？ を考えます。曲には、絶対につくった人のメッセージが込められていると思います。

最初の「Forever Love」は素直に。でも「Forever Dream」では、ちょっと昔を思い出しているのかな？ なんて、自分なりにつくり手の気持ちを想像してみる。そして、それに合わせて音色をかえるようにしています。

作曲者の気持ちをくみとって、音を理解して。そのうえで弾き方や流れ、指のタッチなどを考えて音色をかえていく……。この作業って、クラシックを弾くときと同じです。

モーツァルトの悲しい曲を弾くときは、その悲しさを掘り下げて表現のしかたを工夫することが求められます。いま、『Forever Love』を弾くときも、私は同じことをしています。違うのは、気持ちを想像する対象がモーツァルトからYOSHIKIさんにかわっているだけです。

作曲者の思いを理解して音を奏でる

「楽譜どおりに鍵盤を押して音を出す」ことと、「つくり手の気持ちを考えて弾く」ことって、同じ「弾く」だけどぜんぜん違います。自分が楽しむためだけにピアノを弾くなら、どんな弾き方をしてもいいと思います。でも私は、ピアノの楽しさを広めたい！　聞いた人に「ピアノっていいな」と思ってほしいから、少しでも魅力的な音を出したい。だからポップスを弾くときも、しっかり曲を理解したいと思っています。

魅力的な音をつくるためのこうした作業や考え方は、全部クラシックから学んだものです。そして方向転換をしたいま、子どもの頃から積み上げてきたことを自分のやりたいことに生かせるようになっています。

モーツァルトをYOSHIKIさんに置きかえる……こういう考え方はクラシックという土台があるおかげ！　と感謝しています。

大学時代のサークルで「エモさ」を知った

大学に入学して間もなく、私は他校との軽音楽サークルに入りました。勧誘チラシをたくさんもらった中からそこを選んだのは、ただの偶然。チラシに書かれていた連絡先のメールアドレスがちょっと面白かったので、何これ？ と興味が湧いたことがきっかけです。

初心者もいればめっちゃうまい人もいたし、大学もバラバラ。本気で音楽家を目指しているわけじゃないけれど、みんな音楽が大好き。子どもの頃から音大を目指し、大学でも音楽家志望の人に囲まれている私にとっては、新鮮な環境でした。

私はその頃、音楽を楽しむというよりも職人さんのような感覚でピアノに向かっていました。ここが弾けていない。ここがダメ。課題がどんどん出てきて、それをひとつずつクリアしていく。1曲仕上げるために緻密な作業を気が遠くなるほど繰り返し、そんな努力を重ねた先に楽しさが1ミリだけある……。そんな世界では、音楽は真剣に取り組むものであって、楽しめるものではありませんでした。

皮肉なことに、私に「音楽の楽しさ」を教えてくれたのは、ずっと続けてきたピアノではなかった。「音楽って、本当にいいなあ」と思えるようになったのは、何気なく入ったサークルでの活動がきっかけだったんです。

「エモい曲」ってなんだ？

入会したサークルのメンバーは、「音楽好き」という点は共通していたけれど、やりたい音楽のジャンルは人それぞれでした。マニアックなものが好きな人もいれば、ポップなガールズバンドが好きな人も。でも、それぞれの好みを認め合う空気がちゃんとあって、好みがどうとか技術がどうとか、そんなことは関係なく仲よくできる場所でした。

こんなアーティストがいるんだ！　こんな音楽があるんだ！　クラシックしかやってこなかった私にとっては、新しい発見の連続でした。はやりの曲はもちろん知っていたけれど、耳コピするときも、それほど真剣には聞いていませんでした。

でもサークルの先輩たちは、カバーしたい曲などをすみずみまで聞く。クラシックで曲の背景を勉強するみたいに、曲として理解するためにに聞くわけです。そんなとき、先輩たちがめっちゃ言うんです。「この曲、エモいわ〜」

エモい？　何それ、どういうこと？

言葉としては知っていたけれど、「曲がエモい」という感覚がまったくわからない。みんながエモいエモい言ってる中、私はひとりで「？」と思っていました。

だれかと一緒につくる音楽って、楽しい！

サークル活動のビッグイベントが、学園祭などでのライブです。普段はただの仲よしグループみたいなサークルだったけれど、本番が近づくと練習にも力が入り、バンドのメンバーと過ごす時間も長くなります。

私はサークル内のバンドで、キーボードを担当していました。みんなで毎日のように一生懸命練習して本番を迎えて、サビの瞬間みんなでアイコンタクトを取りながら最高のセッションができて。そのとき、泣いちゃいそうになりながら思ったんです。「うわっ！ エモい!!」

ピアノは、基本的にソロの世界。私も、ずっとひとりでピアノと向かい合ってきました。上達したいなら自分が練習するしかない。先生に注意されたことは、自分で修正していくしかない。そんな繰り返しをしてきたので、いつの間にか「音楽＝課題をこなす」みたいな捉え方をするようになってしまっていたんだと思います。

でもサークルでバンドを組んだことで、人と一緒に音楽をつくるのってこんなに楽しいんだ！ と実感しました。上を目指すためじゃなくて。課題をクリアするためでもなくて。みんなで思いを共有しながら音楽をつくっていくことって、なんてすばらしいんだろう！ 生まれて初めて、自分の中にこんな気持ちが宿りました。

考える音楽から感じる音楽へ

音大を目指して必死でピアノを弾いていた頃、先生に指摘されたことがあります。

「ほら、ここは半音ずつ下がっているでしょ。だから、もっと哀愁を込めて弾かなきゃ」

ああ、そうか。私は納得し、先生の注意を楽譜に書き込み、次からは、そのフレーズを感情的に表現することを心がけました。

その頃の私は、「半音ずつ下がっている箇所→哀愁を表現する」という理解しかできませんでした。楽譜を分析し、頭で考えて表現することがすべてだったからです。

でも私は、サークル活動のおかげで「エモさ」を知りました！　それまで、音楽を方程式で捉えていたものが、感情で捉えるものへと変化していきました。

ピアノの先生方が技術に厳しかったのは、その先にある「音楽の楽しさ」を教えるためだったはず。でも課題をこなすことで頭がいっぱいだった私は、そこまでたどり着けませんでした。必死で続けてきたピアノのレッスンで身につけられなかったことを、楽しむために始めたバンド活動でつかめるなんて思ってもいませんでした。ピアノの先生が知ったら、笑われてしまうかもしれません。

演奏中のパフォーマンスは振りつけじゃない

YouTubeの配信を始めて驚いたことのひとつが、「すごく楽しそうに弾いてるね」「笑顔で弾いてるね」なんてコメントをたくさんもらったことです。笑顔でパフォーマンスすることを心がけていたわけじゃないので、「見せ方」みたいな部分ではまったく頑張っていなかったんです。コメントを見て初めて、「私、楽しそうに笑顔で弾いてたんだ」って思ったぐらい。

それまでずっと、「練習して→うまくなって→認められる」という環境にいたので、自分ではぜんぜん頑張っていない、というか気にしてさえいなかった部分をほめてもらえたことにとまどったり、ラッキー！　と思ったり。

でも、音以外の部分でも表現するような弾き方は、そのときいきなり始まったわけではありません。ポップスを弾くときほど自由ではなかったけれど、クラシックの勉強をしていた大学生の頃から、私の弾き方は少しずつかわりはじめていたんです。

あこがれは、上原ひろみさんの演奏！

きっかけは、ピアニスト・上原ひろみさんを知ったことです。大学生のとき映像で初めて見たとき、めっちゃ衝撃を受けました。こんなに楽しそうに弾くピアニストがいるんだ、って。おまけに、演奏もとんでもなくうまいんです。こんな風に弾ける人は世界にひとりしかいないんじゃないか？　って、猛烈にあこがれました。

あこがれ続けているうちに、なんとなく「私も体や顔で表現してもいいのかも」って思えるようになってきました。上原ひろみさんを見てマネをしたわけではなくて、上原さんの姿がとにかく強烈で。「こんな風に弾いてもいいんだよ」って、教えてもらったような感覚があったんです。

それまで、上原ひろみさんのようにピアノを弾く人がいることも知らなかったし、あんな風に弾いてもいい、っていう概念もなかった。だからやってみようと思ったこともありませんでした。でも心のどこかに、自由に演奏してみたい、という気持ちがあったんだと思います。上原ひろみさんを知ってから、私の弾き方は自然にかわっていきました。

音を表現しようと思うと体も動く

ピアノを弾くとき、「見せ方」をあまり意識しないことは、いまでもかわっていません。見た人に「楽しそう」と言ってもらえる動きや表情は、「振りつけ」のように考えてしていることではないからです。

演奏中、私は音に集中しています。人が集まってきてくれる気配や楽しんでくれている空気感は感じるけれど、「楽しそうに弾かなきゃ」「ここで頭を振ろう」なんてことは考えていません。

演奏しながら体が動くのは、曲を表現しようとしているからだと思います。たとえば曲の流れの中に効果的な休符があると、その部分で自然に体がキュッと止まる。その次の音を出す前には手が高く上がったりもします。

私はポップスを弾くときも、クラシックと同じように「曲を理解する」ことを大切にしています。自分が楽しむだけではなく、演奏者として聞く人にその曲の魅力を伝えるためには必要なことだと思っているからです。

音符ひとつの意味も自分なりに考え、作曲者の意図したことを演奏で伝えようとしています。体の動きも表情も、「ここではこれを伝えるぞ」っていう気持ちが自然に表れたものです。動こうと思って動いているわけではなく、無意識で動いちゃってる、というのが近いのかな？ 見せるための振りつけじゃなくて、内側から湧き出てくるような感じです。

ピアノを弾きはじめると、勝手に体が反応する。人にピアノを聞いてもらうのって気持ちいい、って思っていると自然に笑顔になってる。何も考えずにしていることだから、弾き終わった後、自分がどこで何をしたかも記憶に残っていません。なんだか、ちょっと不思議な感覚です。

木曜日の朝9時半。作曲のトラウマ

2020年8月、初のオリジナル曲『ファンファーレ』を発表しました。作曲と演奏って、まったく別のもの。私はずっとピアノを弾いてきたけれど、ちゃんと曲をつくったのは初めてでした。

アーティストの方は、よく「曲が降ってくる」って言います。私はそんな経験もまったくしたことがないので、自分は作曲には縁のない人間なんだろうと思っていました。でもYouTubeの配信を始めて1年ぐらいたったとき、いまの自分が作曲したらどうなるかな？　って興味が湧いてきたんです。「ハラミちゃんのオリジナルを聞いてみたい」というコメントを多くもらったことも、背中を押してくれました。

「ハラミちゃん」活動なんて、少し前までまったく想像できなかったこと。新しい道に踏み出してみたことで、新鮮な経験をしたりいろいろな人と巡り合ったりすることができました。その自分が「いま」だからつくれる曲を、思い出として残しておきたいと思ったんです。

学芸会のテーマ曲づくりを引き受けたけれど……

小学生のとき、学芸会で劇をやることになりました。その準備期間中、だれかが「ねえ、ねえ、テーマ曲をつくってよ」と言い出したんです。先生にも勧められ、私はやったこともないのに、思わず「いいよ」と言ってしまいました。

その日家に帰ってから、「やばい、どうしよう！」と焦りました。でも、ピアノ弾けるんだから、作曲だってできるんじゃないか？ みたいな気持ちもあって、とりあえず五線譜を出してチャレンジしてみたんです。でも、できない。自分でも驚くぐらい何もできなくて、結局、ピアノの先生に泣きつきました。

事情を説明すると、先生は協力してくれました。私はかっこいい曲をつくりたかったのに、できあがったのは「子どもがお遊戯会で歌うのにぴったり」みたいな曲。手伝ってくれた先生には感謝しているけれど、私自身が満足できていないまま曲を発表することに。

正直、心の底では納得できていないまま、私の伴奏に合わせてクラスのみんなに歌ってもらうことが、申し訳ない気持ちでいっぱいになりました。この曲を発表したのが「木曜日の朝9時半」。いまでも覚えているぐらいです。

2か月かかった曲づくり

そのとき以来、「私には作曲できない」っていう気持ちがしみついてしまいました。嫌すぎた「木曜日の朝9時半」の体験がトラウマになったんだと思います。

ハラミちゃん活動を始めてからオリジナル曲をつくってみようと決めたときは、テーマはなんでもいいし、何か月かかってもいいから、とにかく1曲つくってみよう、というチャレンジでした。

完成までには2か月ぐらいかかりました。できあがったのは、「何かが始まる」ようなイメージの曲。聴いてくれる人にとっても新しい始まりになるように……という思いを込めて、『ファンファーレ』と名づけました。

実際に曲づくりをしてみて、作曲の楽しさを感じることができました。演奏だけではなく、作曲も楽しい！　という気持ちにも気づきました。「オリジナル曲を聞いてみたい」と言ってくれる人がいるタイミングで初めての曲をつくれたのは、とんでもなく幸せなこと。小学生時代のトラウマを克服して、思いきってチャレンジしてみて本当によかったです。

ピアノは「曲」を主役にしてくれる

私は、女性アイドルの曲が大好きです。でも学生の頃、「どんな音楽聞いてるの？」と聞かれ、正直に「ＡＫＢ48！」と答えたら微妙な反応をされたことがありました。たぶん、クラシックの勉強をしているのに？ と驚いたんだと思います。

でも、自信をもって言います。アイドルの楽曲は、ものすごくレベルが高い！ 聞いていると「何、このコード進行？」「何、このリズム？」「この転調ヤバくない？」なんてひとりで盛り上がりたくなるぐらい。本当にいい曲がたくさんあるんです。

音楽の好みをジャンルで決めるのはもったいない

言ってもらえるとうれしい感想のひとつに、「ピアノで聞いたら、いい曲だった！」

があります。音楽の好みはそれぞれです。でも、ジャンルでくくって好き嫌いを決めてしまうのは、もったいない！　どんな人がどんな雰囲気で歌っているのか、などを別にしてピアノで奏でたものを聴いてみると、実はいい曲だった、というコメントをもらうことも多いんです。

普段は歌＋伴奏で聞いているポップスも、ピアノで演奏すると「音」のみになります。ボーカリストの声やルックスも、キャラも、ダンスも、歌詞もなくなります。

残るのは、メロディーとリズムとハーモニー。曲そのものが、超洗練された形で耳に届くんです。

そうすると、何が起こるか？

かなりの確率で見られるのが、「これっていい曲じゃん！　現象」です。最近では、母にもこの現象が起こりました。私のピアノを聴いて、「いい曲ね。泣けるわ〜」。弾いていたのがアニメ『鬼滅の刃』の挿入歌であることを教えると、母はびっくりしていました。それまで、「アニメには興味がない→アニメ映画で使われている音楽も好みに合わない」と決めつけていたからです。

思い込みや音以外の部分のイメージで「好きじゃない」「興味がない」と思い込んでしまうと、本当は自分が好きな音まで遠ざけてしまうことになります。身の周りには、素敵な音楽がたくさんあるのに！　だから、ピアノでカバーしたものを聴いて曲そのものの魅力に気づいてもらえるのは、めっちゃうれしいことなんです。

楽器ひとつで曲を再現できるのはピアノの魅力

ポップスは、歌&伴奏で成り立っているものがほとんどです。そして伴奏には、さまざまな楽器が使われています。

これをバイオリンやギターでカバーしようとしても、メロディラインがメインになります。演奏がものすごくうまかったとしても、伴奏の部分はそこそこまで再現するのが限界だと思います。でもピアノなら、ひとりで歌&伴奏を丸ごとカバーすることができるんです。

ピアノは、「ひとりオーケストラ」なんて呼ばれることもあります。歌も楽器のパートも一気に表現できるのは、88鍵もの広い音域をもち、どんなリズムでも演奏できて、強弱だって自在につけられるから。こんなに自由に表現できて、弾く人によって音色もかわる楽器なんて、ピアノしかありません。

メロディをなぞり、伴奏も再現できるピアノだから、曲を純粋な形で抽出することができる。歌う人のイメージなどに左右されず、フラットな状態で聞いてもらえるものにすることができます。

私のスタンスとしては、弾き手の技量を見せるのではなく、曲を主役にしたいと思っています。クラックで学んだ一音一音に宿る曲への理解を深めることで、その曲の魅力を伝えていきたいと思っています。

PART 4

お米さんがいるから、いまの私がいる

〜ピアノが教えてくれた幸せ〜

本当にいた！お米さん

動画配信を始めた頃、YouTubeと並行して配信していた生配信アプリの「17LIVE」で、上位入賞者はライブに出演できるというイベントがありました。参加してみたところ、ライブの出場権を獲得！　活動開始から3か月目の秋、幕張メッセで行われたリアルイベントでパフォーマンスさせてもらえることになりました。

それまでの「ハラミちゃん」活動は、ストリートピアノがメイン。ファンの皆さんに会場へと足を運んでもらい、ステージ上で演奏するのは初めてでした。ストリートピアノを弾くときは予告などもせず、行きたい場所にふらっと行くだけ。でもこのときのイベントは事前に告知されていたので、会場にファンの方が20人ぐらい来てくれていたんです。

視聴者0人から始まった「17LIVE」

新宿都庁ビルでの演奏から2週間後、私は「17LIVE」での配信に挑戦しました。ピアノの端にスマホを置いて、いざ演奏。生配信なんて生まれて初めての経験だったので、ものすごく緊張して、本当に怖かったです。

ドキドキしながら、ピアノを弾き続けてみたものの、だれも見に来てくれない。やっと1人来たと思ってもすぐに去ってしまう……。いきなり大盛況とはいかなくても、2、3人は見に来てくれるかなと思っていただけに、このときはさすがに心が折れそうになりました。

それでも、1週間は続けようと心に決め、毎日、毎日配信し続けました。

2日目1人、3日目2人の状態が続く日々……。

最初の頃は、たった1人の視聴者に向けて2時間のリクエストに応えたりもしていたほどです。

都庁での『前前前世』の演奏がYouTubeで注目されていた時期だったこともあり、想像とは違う現実はショックでした。

配信の後は毎回振り返りをし、反省し、どうしたら見に来てくださる方に喜んでもらえるか、どう表現していけば演奏が伝わるのかを毎回、毎回考え、ブラッシュアップしていきました。そうしていくうちにだんだんと人が増えてきたのです。

180日間ほぼ毎日配信し続け、半年後には多くの方が視聴してくださるようになりました。

応援してくれる人も増えていき、お米さんとの距離も近づいていきました。

この半年間の経験があったから、いまの私があるのだと思います。

お米さんが目の前にいるのが不思議だった

ライブが終わった後、ファンの方が私に声をかけてくれました。その方は配信でよくコメントを入れてくださっていて、アカウント名はよく見る人でした。コメントでのやりとりで親しみを感じていたけれども、実際に顔を合わせるのは初めてという不思議な関係。ご本人が目の前にいるということが信じられなくて、思わず「本物ですか?」と聞いちゃいました(笑)。

私は、応援してくれる皆さんを「お米さん」と呼ばせていただいています。ハラミ(=お肉)を支えてくれる白ごはん(=お米さん)のイメージでつけた呼び名です。

私にとってうれしいのは、いろいろなタイプのお米さんがいてくれること。コンサートに来てくれる人も、おじいちゃん、おばあちゃんから女子高生、ご両親に連れられた小さなお子さんまで、本当に幅広いんです。

年代も性別もバラバラなお米さんに応援してもらえるのは、たぶん私がカバー曲を演奏しているから。いまはやっている曲はもちろん、演歌もアニメの主題歌も幅広く弾くので、いろいろなお米さんに楽しんでもらえるのかな? と思っています。

お米さんの存在が私を支えてくれる

素の私は、人間関係が狭くて深いタイプ。たくさんの人に受け入れてもらっていることが、いまでも信じられません。動画にコメントをもらうだけでもありがたいのに、実際に会ったお米さんからは、うれしい言葉をたくさんもらっています。「すごく癒されます」とにっこりしてくれたご夫婦。「わー、ハラミちゃんだー！」と喜んでくれた小さな女の子。「集中したいときに聞いています」と言ってくれたお医者さん。お米さんのリアルな生活の中に私の音楽があることは、うれしいのと同時にちょっと驚きでもあります。

だれかが喜んでくれたり明るい気持ちになってくれたりするなんて……。

自分にはお米さんがいてくれる、って思うだけで胸がいっぱいになるし、ちょっとしたいやなことなんてサーッと消えていく。お米さん一人ひとりのお家を訪ねて、その人だけのためにピアノを弾かせてもらいたい！ なんて気持ちになります。

「17LIVE」のイベントで初めてお米さんと話したとき、何気なくスタッフKさんのほうを見ると……。なんとKさんは、泣いていた！

Kさんって普段はあまり感情を表に出さないポーカーフェイスタイプです。そのKさんが、お米さんに囲まれる私を見て目を真っ赤にしてるんです。

イベントが終わって、帰りの車の中でもKさんは泣き続けていました。「疲れたときを知っているからこそハラミちゃんが笑顔でピアノを弾いているのを見たらグッときた。お米さんと楽しそうに話しているのがうれしい」って。

近くで私を支えてくれるKさんには、感謝しかありません。

東京湾アクアラインを走りながら「泣きながら運転してると危ないから、一瞬泣きやんでくれないかな」なんて思ってたことは、内緒にしておこうと思います(笑)。

不安200%だった、初めてのワンマンLIVE

２０１９年12月、初めて有料ワンマンライブを開催しました。活動の本格始動から半年。キャパ１５０席の会場。YouTubeでの認知度は上がって来てはいたものの、正直不安でいっぱいでした。

YouTubeは無料で気軽に視聴できるからこそ動画再生してもらえているのでは？私のために時間を割いて、会場まで来てくれる人がどのぐらいいるのかなんてわからない。この１５０席が埋まらなかったらどうしよう……。そんなことばかり考えていました。

いざ、チケット販売を開始したところ、なんとわずか30秒で完売。

心の底から本当にうれしかったです。お金を払ってまで私の演奏を求めてくださる方がいることに感動し、自分のやってきたことは間違いなかったという自信にもなりました。

初めてのワンマンライブは感動の連続でした。会場に集まってくださるお客様はライブ中は時間のすべてを私の演奏を聴くことに集中してくれます。一音、一音に耳を傾けてもらえていることが演奏している私にも伝わってきました。

コンクールなどで体験してきた審査されるために聴かれるのではなく、私が奏でる音を感じてもらえているということに心がジンとしました。

私にとってこの感動は忘れられないものになり、それはいまもライブのたびに実感しています。

以前コンサートなどの仕事でお世話になっている方に、言われたことがあります。「表に立つ人の使命は、みんなの居場所をつくること」。私の音楽を楽しんでくれたことがきっかけでお米さん同士がつながり、そこが居場所のひとつになるのだと。

お米さんとつながれる場は、私にとっても温かい居場所です。その場所を、もっと温かいものにするために。そこに来る人に、ちょっとでも幸せを感じてもらえるように。私は今日も、ピアノを弾きます。

お米さんへの想いが詰まった、CDデビュー

小学生の頃からの夢のひとつが、いつかCDアルバムを出すことでした。レコード会社の方から声をかけていただき、CDが出ると決まったときはもうワクワクが止まりませんでした。

初めてのレコーディング、自分の演奏をものすごくクリアな音で聴いた瞬間、絶望しました。自分の理想とは違うものだったのです。

えっ、ちょっと待って！　いろいろなアラが見えてしまい、それと向き合う経験を初めてしました。

丸1日かけて納得できる状態のものが収録できたのはわずか1曲。このとき私の頭の中に浮かんでいたのはお米さんのことです。お家などで聴いてくださるお米さんの姿を思い出し、喜んでもらえるものにしたいと自分を鼓舞して、日々レコーディングに挑みました。一音一音妥協せずこだわり、頑張れたのは、ライブやストリートでお米さんとの関係をしっかり築けたおかげです。

完成したCDはお米さんに喜んでもらいたい、そんな私の思いが詰まった一枚になりました。

2020年7月1日、CDを出せてホッとしたのと同時に、レコード店に自分のCDがあるのを見た瞬間は感動しました。名だたるアーティストの方々と一緒に自分のCDが並んでいるのを見て、私もアーティストの仲間入りができた気がしたからです。

そして、ありがたいことに、デイリー、ウイークリーとCDアルバム売上で1位にランキング。ピアノを弾くのが好きということを突き詰めることができるだけでも十分なのに、こんなご褒美までついてくるなんて。とにかく驚きすぎて、実感が湧きませんでした。

でも、何より心に響いたのはお米さんからの感想です。「車の中で聴いています」「家事をしながら聴いています」といったメッセージをもらうと、CDがお米さんの生活の中に溶け込んでいること実感し、お米さんからの温かいメッセージを目にするたびに感謝の気持ちでいっぱいになります。自分がお米さんのことを思い、つくったものがちゃんと届いたというのが、本当にうれしかったです。

支えてくれる人がいれば何があっても大丈夫

〝身近なお米さん〟として私を支えてくださる方がいます。

つらかった学校生活をかえてくれたAちゃん

高校時代からの友だち・Aちゃんは、私の世界を開いてくれた人。中学〜高校時代、私はものすごく疲れていました。表面的には楽しくやっているように見えていたかもしれないけれど、実は身近な友だちとの関係にずっと悩んでいたんです。

学校にいる時間がつらくて、でも学校以外の時間はピアノに集中しなきゃいけなくて。リラックスして楽しめる時間が、ぜんぜんなかった。ただひとりになりたくて、トイレでお弁当を食べたこともあるぐらいです。

でも高2のとき、たまたま席が近くになったAちゃんと仲よくなったことで、学校生活が楽しくなりました。Aちゃんは明るくて、ファミレスでお水をもってきた店員さんにも「ありがとうございます」ってにっこりするタイプ。自分的には10代半ばって、クールなことがかっこいいみたいに思っていました。でもAちゃんを見ていると、いつもニコニコ楽しそうで、愛嬌があって素敵だな、と素直に思えました。ストレスを抱え込んでいた私に、Aちゃんは「私と一緒にいる人はみんな幸せだから、大丈夫だよ」って言ってくれて。周りに気をつかって、言いたいことも言えずにいた私に、「自然体でいていいんだよ」と教えてくれた存在です。

大切な人たちとの出会いに感謝

大学時代、サークルで知り合ったPちゃんは、Aちゃんとは真逆のタイプです。しっかりしていてもの静かで、私をやさしく受け入れてくれる。どんなときでも私の味方でいてくれる、って信じられるから、私にとって第2のお母さん的な存在のPちゃんにはなんでも話せます。

全国ツアーを始めた頃、ライブを見に来てくれたPちゃんから手紙をもらったんです。ハラミちゃんがどんな活動をしても、これからどんな方向へ進んでいっても、ずっと味方だよ、って。こんな風に思ってくれる友だちがいることが本当にありがたくて、手紙を読みながら泣きそうになりました。

サークルの仲間では、OくんとRくんにも感謝。就活のしかたがわからなくて悩んでいるとき、居酒屋で夜中まで自己分析を手伝ってくれたり、真剣な相談にものってくれたり。自分と違う価値観も受け入れてくれて、他人を否定しない。一緒にいると楽しいし、リスペクトし合える貴重な存在だと思っています。

自分の支えになってくれる人と出会えたことは、私の何よりの財産です。これからも大切に守ります。

出会いの神様が大きなチャンスをくれた

最寄り駅のホームで、Twitterに通知が届いたことを知らせる着信音が鳴りました。開いてみると、表示されたタイムラインには「広瀬香美 Kohmi Hirose」。私がメンションされている書き込みには、1か月ほど前に都庁で演奏した「広瀬香美さん3本立てメドレー」の動画のリンクが張られていました。

え！ これって、広瀬香美さん？ まさかのご本人？

私はその場でかたまり、興奮し、慌ててスタッフKさんに電話しました。「Kさん、どうしよう、ヤバいヤバいヤバい。広瀬香美さんがTwitterで私のことを。どうすればいい？ 返信する？ ダイレクトメール？ どうするどうする？」Kさんも驚きつつ、「すぐ返信しよう」と。私はドキドキしながら、お礼の返信をしました。

信じられないことに、その後Twitter上で「ハラミちゃんのように楽しそうに音楽のすばらしさを伝えるアーティストが大好き」と応援の言葉をいただきました。

さらに、「コラボ計画立てよう！」とまで……。

私は、うれしさを通り越して混乱しました。コラボってなに⁉　もう言葉の意味もよくわからなくなるぐらい、パニクってしまいました。

その後、ライブに行かせていただき、リハーサル中のステージ上で初対面。香美さんはフレンドリーに接してくれたけれど、私は初めてこんなに近くで芸能人を見た！　と、オーラに圧倒されっぱなしでした。

ストリートピアノで初めてのアンコール

Twitterへの書き込みから2か月もたたずに、コラボは実現しました。場所は、横浜・関内駅の地下街にあるストリートピアノ。香美さんの希望を聞いたときは、びっくりしました。まさかプロの歌手が、ストリートピアノで歌ってくれるとは思っていなかったからです。ストリートピアノを選んだわけは、告知もせずに歌って、人が集まるかどうか試してみたいから。だれも来なくてもいい、自分の歌がどこまで通用するのかやってみたい。そんな風に言えてしまう香美さんを、本当にかっこいい！　と思いました。当日は演奏する曲も決めないまま近くのカフェ・ベローチェで待ち合わせをし、簡単な打ち合わせをして地下街に向かいました。でも、なんとその日は年にたった2日の休館日！　ピアノは弾けるけれど、お店が全部閉まっているので、地下街はガラガラです。どうしよう……と一瞬、頭が真っ白になりました。

慌てる私と違って、香美さんは余裕たっぷり。地下街をカツカツと歩きはじめると、不思議なことに、急に通行人が増えてきたような気がしました。

リハーサルもなしに『ロマンスの神様』をスタート。香美さんが歌いはじめると、通りがかった人がみんな足を止めます。曲が終わる頃にはかなりの人数に囲まれていました。歌い終わった香美さんが「ありがとう！」と立ち去ろうとすると、まさかのアンコール！　演奏の順番待ちをしている人もいなかったので、予定にはなかった『ゲレンデがとけるほど恋したい』も演奏しました。

お米さんの力に感謝

「楽しかった、ありがとう！」と帰っていった香美さんを見送ると、さっきまでのことが夢だったような気がしてきました。香美さんには、どれだけ感謝しても足りません。無名の私に声をかけてくれただけでもありがたいのに、まさかのコラボまで！　このときのコラボ以降も、出演するテレビ番組に呼んでくださったり、ライブに出演させてくださったり。やさしく応援してくれる香美さんは、私の大恩人です。

私の動画が香美さんの目にとまったのも、お米さんがTwitterなどでたくさん拡散してくれたおかげです。香美さんが何気なくコメントしてくださったリプに対し、お米さんがものすごく盛り上がってくださり、その状況を見て「ハラミちゃんって面白い」と感じてもらえたからこそ実現しました。演奏中はアドレナリンが出まくって頭がフワフワしたけれど、自分はたくさんのお米さんに支えられ、応援してもらっているんだな、とあらためて実感する経験でした。

ライブはハラミとお米さんの共同作業

「ハラミちゃんのピアノはやさしい」って、よく言われます。やさしいって、タッチが弱いってことかな？　なんて思ってみたりしたこともあるけど……。どうもそういうことではないみたいです。

聞いた人に「やさしい」と感じてもらえるのは、たぶんいまの私がガツガツした精神状態じゃないから。もっと上に行きたい、音楽を突きつめたい！　みたいな気持ちより、聞いてくれる人に寄り添い、楽しんでもらいたいという思いが強いから、自然に音もやさしくなっているんだと思います。

自分でも不思議なんですが、これまであまり怒ったことがないんです。喜怒哀楽の「怒」に関しては、経験値のゲージが低すぎる。

喜びや充実、ネガティブな感情なら疲れや苦しみも経験したつもりです。ただ、さびしさはそれほど強く感じたことがないし、怒りはほぼゼロ。怒れないことは、私の小さなコンプレックスでもあります。

でも、人の経験はそれぞれ。感情を項目分け&数値化したら、だれにでも欠けているところや過剰なところがあるのかもしれません。私も、これからいろいろな経験をするはず。本当にさびしい思いをしたり、とんでもなく怒ったりするようなことがあれば、それをきっかけに自分の音楽もかわっていくんじゃないかな、と思います。

毎日の経験が音の幅を広げていく

いまの音は、私がこれまでに積み上げてきたことからできています。「やさしい音」って言ってもらえるのはうれしいけれど、ずっとやさしい音だけを出し続けたいと思っているわけではありません。人としてもピアニストとしても成長して、いつも「そのときの自分」だから出せる音、できる表現をしていきたいと思っています。

そう考えると、ピアニストとしての寿命って、すごく長いと思うんです。経験を重ねることで出せる音がどんどんかわっていって、一生、音の幅を広げ続けていけるんだから。この先、子どもをもつことがあれば、愛情や責任感が加わるかもしれない。海外で活動を始めれば、日本とは違う文化を吸収して、それを表現に生かせるかもしれない。大きな変化も、日常の小さなできごとも全部、自分の出す音につながっていくような気がしています。

だから、いやなことや悲しいことがあっても、「この経験は自分の音を深めるネタになる！」なんて思ってみることもできるようになりました。こんな風に自分に都合よく考えると、悲しいことも自分の強みになる気さえしてきます。

最近、半年ほど前の自分の演奏を聞きなおし、違和感を覚えたことにびっくりしました。演奏したときは「これがベスト！」と思っていたのに。でも「ハラミちゃん」活動を始めてからは、初めての経験をしたりこれまで知らなかった世界をのぞいたりすることの連続でした。一気に経験値がアップした分、たった半年で音の受け止め方がかわるほど爆速で自分が変化していったんだと思います。

聞き手の「熱」が演奏者の音をかえる

2020年に始めた全国ツアーでも、新しい発見がありました。それは、聞いてくれる人によっても音楽がかわる！　ということです。ステージ上で演奏していると、客席の「熱」みたいなものが伝わってきて、それによって私が出す音もかわるのがわかりました。

曲に集中している感じ、肩の力を抜いてラフに楽しんでいる感じ、親みたいな目線で見守ってくれている感じ……。コンサートの雰囲気は、毎回違います。同じ日の同じ会場なのに、昼と夜ではぜんぜん空気が違った！　なんてことがあったのも、「熱」を生み出すのが人、ということの証拠だと思います。

同じように弾いているつもりなのに、前日はウケたことが別の会場ではぜんぜんウケなかったり。自分ではまったく予想していないところで、会場から手拍子が来たり。ライブって私と客席のお米さんが一緒につくっていくものなんだな、と学びました。

お米さんがいるから、いまの私がいる

いつも私を支えてくれているお米さんとの出会いは、最高の宝物です。

ライブやイベントなどの活動をするようになって知ったのは、アーティスト側からもお米さん一人ひとりがしっかり見えるということ。ちゃんとひとりずつ認識できます。お米さんはいまや、家族や親友と同じぐらい、私の人生に欠かせません。

私にとって温かく、ありがたい存在。きっとお米さんたちの想像以上にいつもパワーをもらっています。お米さんは私にとってよき相談者であり、よき理解者です。

ある日私が「〝いまハラミちゃんには追い風がきているよね。〟と言ってもらったけど、この風が止まっちゃったらどうしよう」とコメントしたら、お米さんから「自分たちがうちわで扇いで風を起こすから大丈夫だよ」とメッセージをいただき、ものすごくありがたかったし、励まされました。

こうした無償の愛を与えてくれるお米さんたちに出会えるのはこの活動ならでは

のもの。お米さんたちとのつながりがいつも私を支えてくれています。

これからも、一方向から発信していくのではなく、お米さんとちゃんと信頼関係を築きながら、多くの人に喜んでもらえる演奏を続けていきたいと思っています。

PART 5

もっと自分に素直になればいい

～好きのパワーは無限大～

大好きなストリートピアノはやめられない

私は「初めてのこと」が大好きです。初めて行くお店も、初めて会う人も。新しい刺激を受けることが好きみたい。だから、同じことをずっと続けるより、新しい発見があるようなことをするほうが楽しめます。

最近はコンサートをしたり、テレビに出演したりする機会も増えたけれど、「ハラミちゃん」としての活動の中でいちばん好きなのがストリートピアノです。何よりの魅力が、「毎回、全部が新しい」こと。初めての土地で、初めてさわるピアノを弾くと、初めて会う人たちが集まってきてくれる。すべてが「初めて」なんです。

ピアノを囲む人の中には、私のことを知っている人もいれば、ぜんぜん知らない人もいます。そんな中で自然に手拍子が生まれたり、そこで出会った人同士がおしゃべりをしたり。こんな経験は、ストリートピアノでしかできません。

同じ場所のピアノを弾きに行っても、日によって街の雰囲気はかわります。もちろん聞きに来てくれる人も違うから、毎回、新鮮な気持ちで楽しめる。ストリートピアノを弾いたときはすごく充実感があって、演奏が終わると絶対に笑顔になっている自分がいます。

コンサートなどにくらべればリアルタイムで聞いてもらえる人数は少ないけれど、動画を配信すればたくさんの人に届けられます。離れたところにいる人も、動画を見て雰囲気を味わい、楽しい気持ちになってくれたらうれしいです。

日常生活の中でピアノを聞いてもらいたい

ストリートピアノを弾くときは、場の盛り上がりなども気にしません。「特別な場所」であるコンサートなどと違って、ストリートピアノは普段の生活の中に溶け込んでいるものだからです。

たまたま近くを通りかかった人が、聞こえてきたピアノの音を心地よく感じてくれたり、弾いているところをちょっとのぞきに行こうと思ってくれたり。仕事からの帰り道のBGMみたいに音を聞いて、家に帰ってから「あのピアノよかったな」なんて思い出してもらえることがあったら、すごくうれしい。暮らしの中に音楽が加わることで、だれかの日常が少し華やかになったらいいな……。いつもそんな風に思いながら、いろいろな街のピアノを弾いています。

日本一有名だけど、日本一身近なピアニストになりたい

ストリートピアノが好きなのは、「ハラミちゃん」が聞いてくれる人にとって身近な存在でありたいからでもあります。「遠いあこがれの存在」みたいなアーティストは、私が目指しているピアニスト像ではありません。

私の理想は、ピアノの音を聞きつけてフラッと聞きに来た人に、「あれ？　ハラミちゃんじゃん」なんて話しかけられるようなピアニストです。みんなが顔と名前を

知ってくれているけれど、親戚のおねえちゃんみたいに思ってくれる。「日本一有名だけど、日本一身近なピアニスト」になりたいんです。もしそんな存在になれたら、ピアノそのものを身近に感じてくれる人も増えていくと思うから。

「お米さん」には、「ストリートピアノを弾いてるハラミちゃんが好き」って言ってくれる人が多いんです。「日本一有名」になるために活動の幅を広げていくことも必要だけど、「日本一身近なピアニスト」でいるためにお米さんとのつながりの原点であるストリートピアノは、ずっと大切にしていくつもりです。

お米さんは、手を伸ばせば届く距離でピアノを弾いたり、聞きに来てくれた人とおしゃべりしたりする私を見てくれています。ピアノの演奏だけじゃなく、ストリートピアノの動画を通して伝わる、私の「人」としての部分まで含めて受け入れ、応援してくれるんだと思います。

だからこれからも、活動の軸はストリートピアノです。いつか海外の街のピアノも弾きに行ってみたい。「歌」には言葉の壁があるけれど、「音」は世界共通。どの国へ行っても、聞く人を笑顔にすることができるんじゃないかな？

ストリートピアノだから出会えたこと

２０１９年にストリートピアノで約４００曲を弾いてきました。そしてそこには４００曲分の出会いがあります。

ある日のこと、ストリートピアノを演奏していたら、10代の女の子からスターダスト☆レビューさんの『木蘭の涙』を弾いてほしいとリクエストをもらいました。お話を聞くと、女の子のお母さんはすでに他界していて、そのお母さんが大好きだった曲だとのこと。その想いに応えたいと心を込めてサビの部分を弾かせていただいたところ、女の子は涙を流しながらかみしめるように聞いてくれて、お母さんとの思い出話などを私にしてくれました。

通常なら、出会ってすぐの人に大切な身内の方の深い話などすることはないと思うのですが、心を開いてその曲にちなんだ思い出や情景を語ってもらえるのはストリートピアノをやっているからこその体験なのだと思います。

音楽には国境がないと言われていますが、ストリートで演奏していると外国の方からも声をかけていただくことがあって、海外の人ともつながれるという喜びもあります。言葉が通じなくても音楽という共通言語があれば気持ちを伝えられるということを体験できるのもストリートならではの醍醐味だと感じています。

えっ！　夢が叶っている!?　驚きの奇跡

2020年、世界中で新型コロナウイルス感染症が猛威を振るい、ストリートでの演奏をメインにしていた私の活動にも大きな影響がありました。そして11月、感染対策に十分気を配り、岐阜県でストリートピアノを演奏することに。久しぶりにお米さんと会えて、生で弾ける喜びは大きなものがありました。ふと、周りを見渡すと、ピアノを囲む輪の中に車いすのお米さんがいらっしゃいました。ハラミグッズをたくさん身につけて、私の演奏を楽しそうに聴いてくれていました。その姿を見て私もとてもうれしくなったと同時に、ふとあることが頭をよぎったのです。あれ、この光景どこかで見た気が……。

小学3年生の夏休みの宿題で描いた一枚の絵のことを思い出したのです。その絵は、私が街の真ん中に置いてあるピアノを弾いていて、その周りにはおじいちゃん、おばあちゃんから赤ちゃんまでいて、車いすの方から動物まで、みんなが楽しそうに音楽を聞いているものでした。小学3年生の私の夢であり、みんなにとって居心地のいい場所ってどんな空間だろうと考えながら描いたものでした。

これって、いまの私だ!

自分でも本当にびっくりしました。自分でも気がつかないうちに、私は小学生の頃に思い描いた夢を叶えていたのです。

さらに驚いたのは、母がこの絵を何かのときのためにと、ちゃんとラミネート加工して保管してくれていたのです。どこかで母がピアノと私がつながることを願ってこうしたのかなと思っています。

小学3年生の夏休みの宿題で描いた絵。母がラミネート加工して保管してくれていたことに運命を感じます

自分の居場所を見つけた！

2011年3月11日、東日本で起きた大震災。その模様をニュースで知った衝撃はいまでも忘れられません。

当時の私は、東日本の方々のために何かしたいと思いつつも、何も行動に移せないままでいました。

それから10年。私は仙台空港のロビーにいました。私の目の前にあるのは宮城県七ヶ浜町で東日本大震災後の瓦礫の中から発見された一台のグランドピアノ。さまざまな人達から支援を受けて演奏できる状態まで復活し、だれでも演奏できるピアノとして仙台空港のロビーに設置された復興のシンボルでした。津波の被害により表面に傷が残っているピアノの姿は当時の震災の大きさを物語っていました。

そのピアノに向き合い、地元の方からのリクエストに応え復興への想いが詰まった曲や、当時被災されたご家族のお父さんから高校入試を終えた娘さんへのメッセージソングを演奏させていただきました。

震災当時の私は募金をちょっとするぐらいで、それ以上のことは何もしていない自分にモヤモヤしていました。だからこそ、10年経ったいま、ピアノを通してだれかの心の癒しとなり、寄り添う演奏をしたい、心の底からそう思いました。

ストリートピアノを通して、私は、自分の居場所が見つかったと実感しました。

「好きなことを仕事にしていいのか論」について

「好きなこと」を「仕事」にするのは幸せなのか？　だれもが、一度は考えたことがあるテーマなのではないでしょうか。

好きなことでお金を稼げるなんて最高でしょ！　と思う人もいれば、仕事と思うと楽しめないから好きなことは趣味にしておきたい、と考える人もいます。これってたぶん、どちらも正解なんだと思います。

私は「好きなことは仕事にしないほうがいい」派でした。私が好きなことを仕事にできないというあきらめの感情から、そう思うようになったのかもしれません。無理に仕事にしようとしないで、趣味で楽しめばいいじゃん、と思っていました。

生活を維持できる安定した仕事について、やりたいことは趣味で楽しむ。そんな生き方のほうがスマートだと思っていました。好きなことなんて時間があるときに楽しむぐらいの温度感がちょうどいいんだよ、って、「好き」で生きていこうとする人をどこか上から目線で見ていました。

好きなことで生きていくためには覚悟が必要

数か月休職し、何気なく投稿した「ハラミちゃん」動画に注目が集まってきた頃、私は仕事に関する決断を迫られました。会社に戻るか。転職するか。仕事をやめてピアノで生きていくか。

私は、「好きなことは仕事にしないほうがいい」と思っていたはず。それなのにこのとき、ピアノの道に行ってみたい！　と強く願っている自分がいました。ひょんなことから、「好きなことを仕事にしていいのか？」というテーマと本気で向き合わざるを得なくなったんです。

そのとき、初めてわかりました。好きなことで生きていこうとしている人って、実はとんでもなくすごい人たちなんだ！

自分は好きなピアノを弾くことで、生きていきたい。その気持ちは同じでも、会社員のままプラスアルファとしてやることと、ピアノ1本に絞ることはまったく違います。いざとなると、安定した仕事をやめて逃げ道を断つのは本当に怖かった。「好き」を仕事にするためには、すごい勇気と覚悟が必要なんだ、と気づかされました。

また、「好き」が仕事につながらなくても、「好き」を身の回りに置いて、持ち続けていくことの大切さも実感しました。

うまくいかないのは才能や努力がたりないからじゃない

自分がピアノを弾いている動画を配信すると、驚くべきことに再生回数がどんどん伸びていく！　もちろん、生まれて初めての経験でした。

コンクールでの入賞や大学受験を目指して、課題をクリアし、就職してからも、周りに追いつこう、認められる結果を出そう、と必死で頑張りました。それでも、自分が望む結果にはつながらなかった。私はいつも自分の能力不足を感じ、もっと頑張れたんじゃないか？　なんて自分を責めていました。

でも「ハラミちゃん」活動は？　私はただ、弾きたい曲を自由に弾いているだけ。私自信が楽しんでいるだけなのに、めっちゃみんなにほめてもらえる。これってどうして？　こんなことって、あっていいの？

私の演奏がたくさんの人に受け入れてもらえたのは、たぶんふたつの理由からです。ひとつ目が、演奏したのがポップスだったこと。ふたつ目が、動画を配信したこと。かわったのは私の技術じゃなくて、音楽へのアプローチのしかたや発信する方法です。

でも私には、「頑張ってレベルアップする」以外の方法で認められる、という発想がありませんでした。「やり方をかえただけでうまくいくこともある」なんて、簡単に信じることができなかったんです。

環境をかえてみたら、自分の音楽を認めてくれる人に会えた

人は、「才能×努力×環境」で成功できるかどうかが決まる。どこかでだれかから聞いた言葉です。この式のポイントは、足し算じゃなくてかけ算ということ。つまりどれかひとつでも0だったら、すべてが0になってしまうんです。

才能には生まれつきの部分もあるし、努力には限界があると思います。だから、自分ですぐにかえてみることができるのは「環境」です。

私がしたことも、環境をかえることだったんだと思います。ずっとクラシックの世界にいたから、思うような結果が出せていない私にとっては自分がピアノで生きていくのは無理だと感じました。でも、コンクールで技術を競う世界から、ライブや動画で楽しむ世界へと環境をかえてみたことで、すべてがかわった。新しい場所には、自分の音楽を求めてくれる人がたくさんいたんです。

うまくいかないときは環境をかえてみるのもひとつの手

環境をかえたいなら、自分の日常を意識してかえてみることが大切なのかも。たとえば、会社から早く帰るようにするとか。新しい趣味を始めてみるとか。小さな変化が出会いや新しい体験につながり、別の場所へと続く歯車が回りはじめるような気がします。

私の場合は、音楽の世界を離れてIT企業に就職したことがスタートだったのかもしれません。会社でたまたま仲よくなったスタッフKさんがYouTubeに興味をもっていたこと、動画撮影や編集の技術もあったことなどが、「ハラミちゃん」動画の配信につながりました。

私ひとりだったら、たとえYouTubeでの配信を思いついても実現できなかったと思います。ストリートピアノで自撮りするのは恥ずかしいし、編集のしかたもわからないし……。Kさんがいたから、YouTubeという新しい環境に入っていくことができたんです。

何かがうまくいかないときは、ダメな自分を責める前に、環境を見直してみてもいいのかな？　と思います。

これまでも、これからも「ハラミちゃん」は「ピアノを弾いている女の子」

「ハラミちゃん」としてピアノを弾きはじめてから、いろいろなことがすごいスピードでかわっていきました。新しい経験をたくさんして、仕事の幅も広がっています。勢いに乗って、これまでの自分を全部捨てて野望に向かって突き進む！　なんてやり方も、夢があっていいと思います。でも私には、それはできない。年をとって人生を振り返ったとき、本当に大切なものを手放したことを後悔しそうだからです。もっともっと！　とがむしゃらに進むより、笑いながらのんびり歩いたほうがいい。欲張らず、ピアノで楽しめる状態でいること。それが「ハラミちゃん」活動の軸なんです。

無駄な経験なんてひとつもない

いろいろなことが重なった結果、何かが起こっている。そう考えると、「無駄なもの」なんてないんだな、と思えます。

この考え方にあてはめると、「ハラミちゃん」が奇跡の集合体のように思えてきます。ピアノを続けてきたこと。想定外の挫折をしたこと。音楽の道をあきらめかけたこと。音楽以外の世界を経験したこと。頑張るだけでは越えられない壁の存在を知ったこと。そして、苦しいときに寄り添ってくれる人たちに救われたこと。

楽しいことやつらいこと、いろいろなことがありました。いま、実感しているのは、そのすべてが凝縮されたのが「ハラミちゃん」なのかな、ということです。

自分がしてきたこと、感じてきたことに、無駄なんてひとつもない。どれかひとつでも欠けていたら、「ハラミちゃん」は生まれなかった！ 苦しかったことも、遠回りしたことも、私にとっては必要な経験だったんだと思います。

「ハラミちゃん」の音をつくっているのは……

こうしている「いま」も、いつかは通過点になり、新しい何かにつながっていくはず。そう考えると、自分が経験するすべてのことが楽しく思えてきます。

私が思い浮かべる「自分」は、ひとりで立っているのではなく、周りの人たちとつながっているイメージ。以前は「自分ばっかり頑張ってる」なんて思っていたけれど、実はみんなから支えられていたことに気づき、いまでは自分もだれかの支えになりたい、と思えるようになりました。

「ハラミちゃん」としてピアノを弾いているのは、私です。でもその音は、私が出しているわけじゃない。ハラミスタッフKさん、家族や友だち、そしてお米さん。私にかかわるすべての人が、「ハラミちゃんの音」をつくっているんです。

好きのパワーは無限大

「ハラミちゃん」って何者？ と聞かれることがあります。「YouTuber」「ポップスピアニスト」などの肩書で紹介していただくことがあるからだと思います。

日頃から心がけているのが、「自分をカテゴライズしないこと」です。たとえば自分の性格ひとつとっても、「私はポジティブです」なんて言いきれる人は少ないはず。「ポジティブでもあるし、ネガティブでもある」が正解だと思うんです。

自分をカテゴライズすることは、生き方を狭めることにつながる気がします。発信する方法や演奏する音楽のジャンルは、かわっていくかもしれないことだから。

私が「ピアノが好き」ということ。だから私の中での「ハラミちゃん」は、いまもこれからも「ピアノを弾いている女の子」です。

私は「好き」の気持ちに素直になっていくことで世界が広がっていきました。「好き」を貫き、そのパワーが無限ループとなってピアノが好きな人を増やしたいし、ピアノを聴いてくださる皆さんに笑顔になってもらいたい！

X
UNTIES
ERS
D.
VERY
K OF
NURES
DES
ERS

05 Left Hand 左手の練習 1小節目

左手で弾くのは、「ヴォーカル」ではなく「カラオケ」のような部分。音量も主張もやや控えめに。

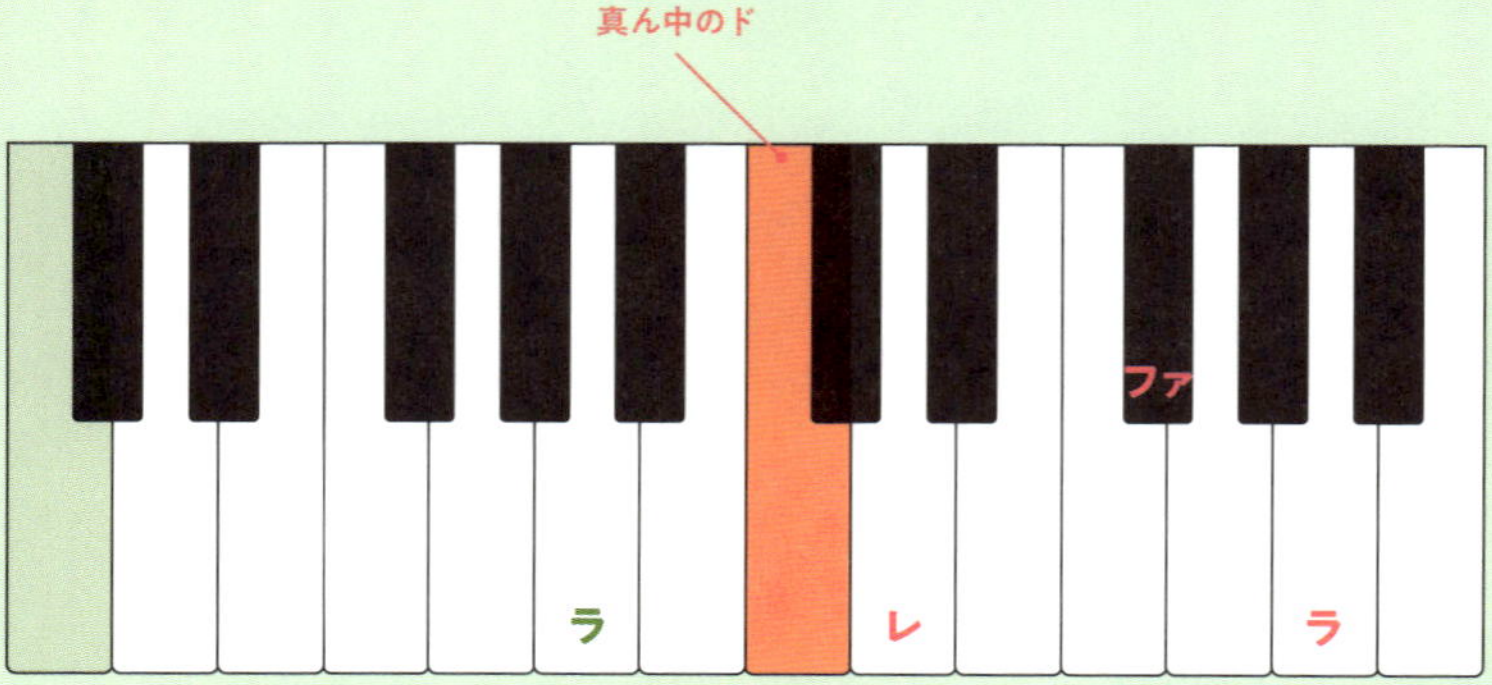

今回の左手は𝄢へ音記号を使わずに、わかりやすく𝄞ト音記号で表現しています。

06
Left Hand
左手の練習 2小節目

スタッカートのついた音符は、跳ねるように。次の音を押す前に、鍵盤からいったん指を離します。

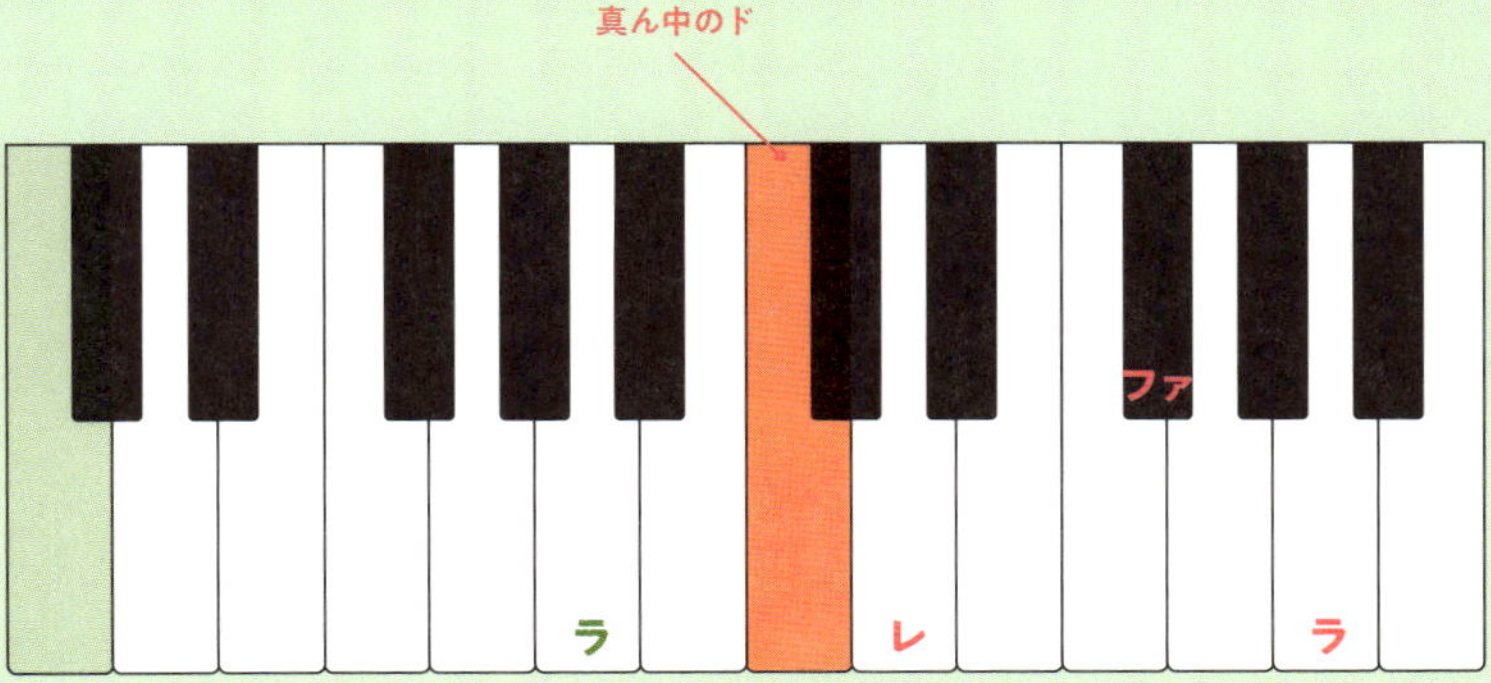

07 Left Hand
左手の練習 3小節目

スタッカートのついた音符は、跳ねるように。次の音を押す前に、鍵盤からいったん指を離します。

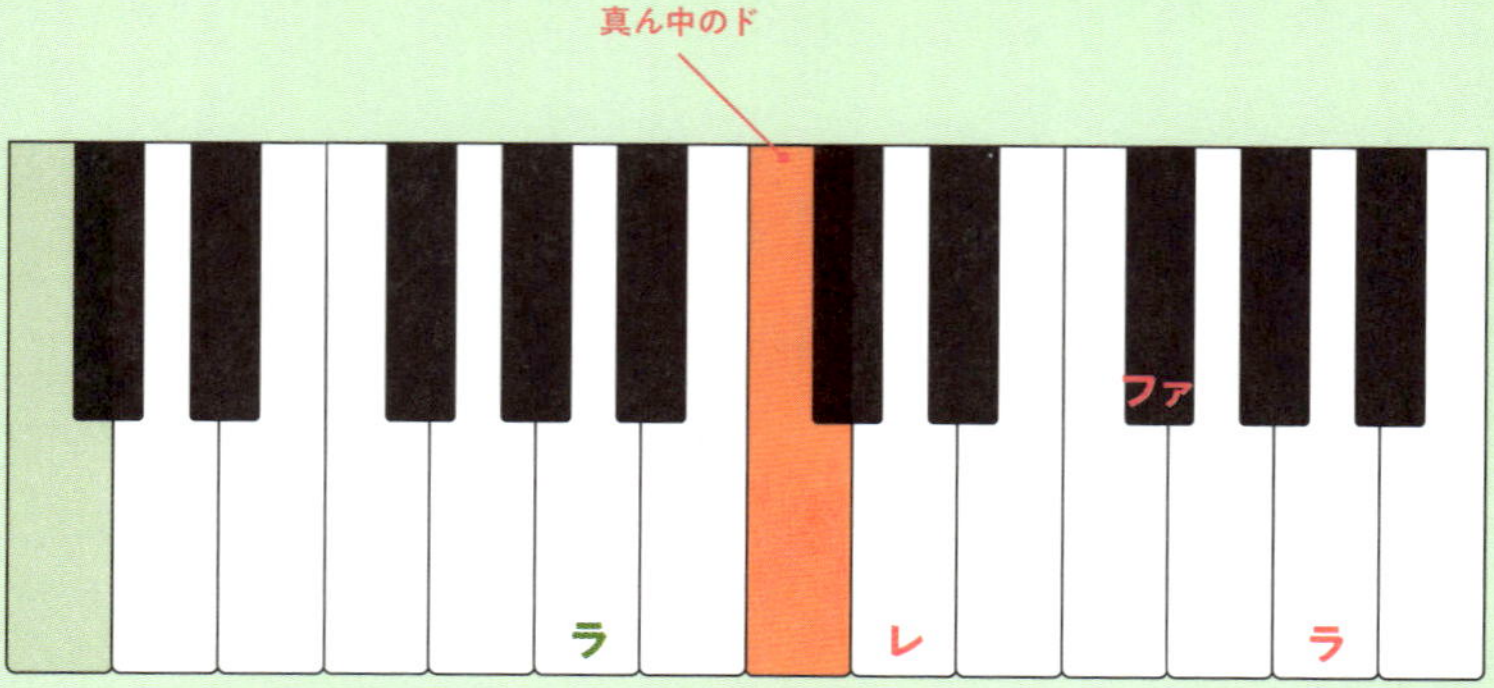

08
Left Hand
左手の練習 4小節目

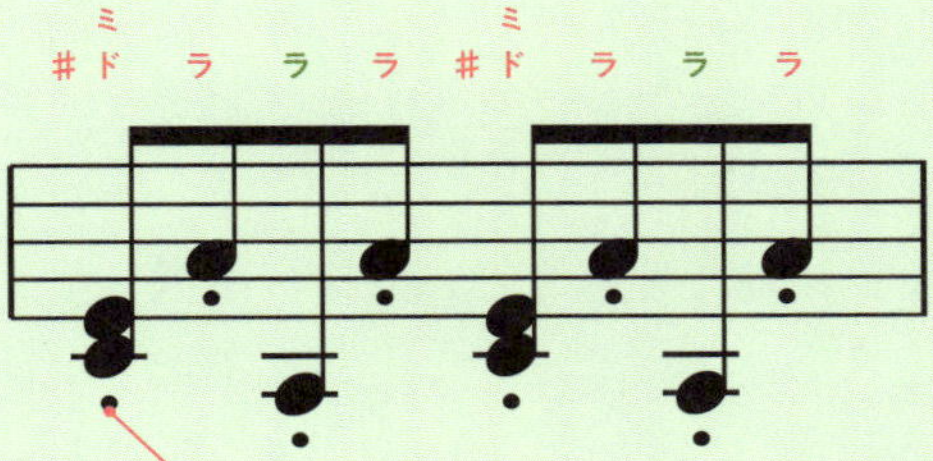

スタッカートのついた音符は、跳ねるように。次の音を押す前に、鍵盤からいったん指を離します。

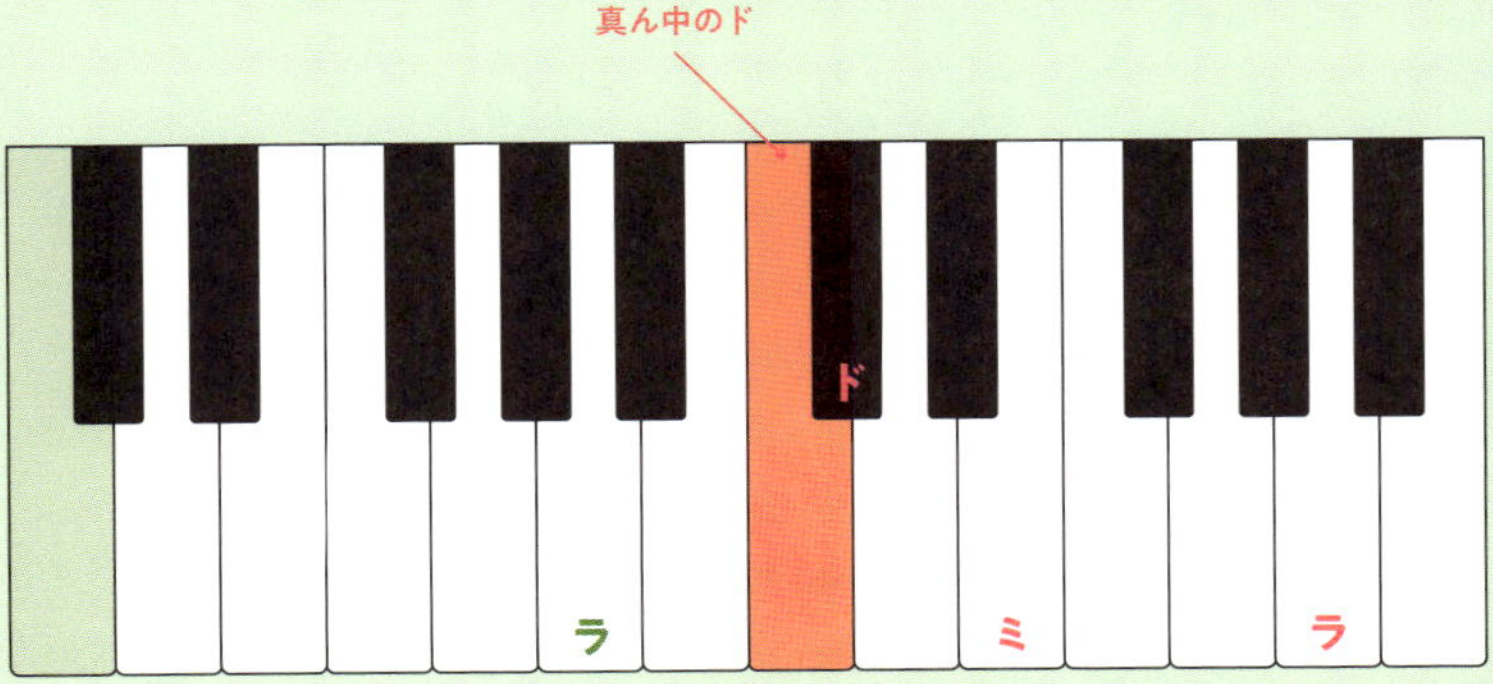

POINT 前の3小節と音がかわり、聞く人は「ん?」と思うはず。雰囲気の変化を意識して!

09
Left Hand
左手の練習 5小節目

スタッカートのついた音符は、跳ねるように。次の音を押す前に、鍵盤からいったん指を離します。

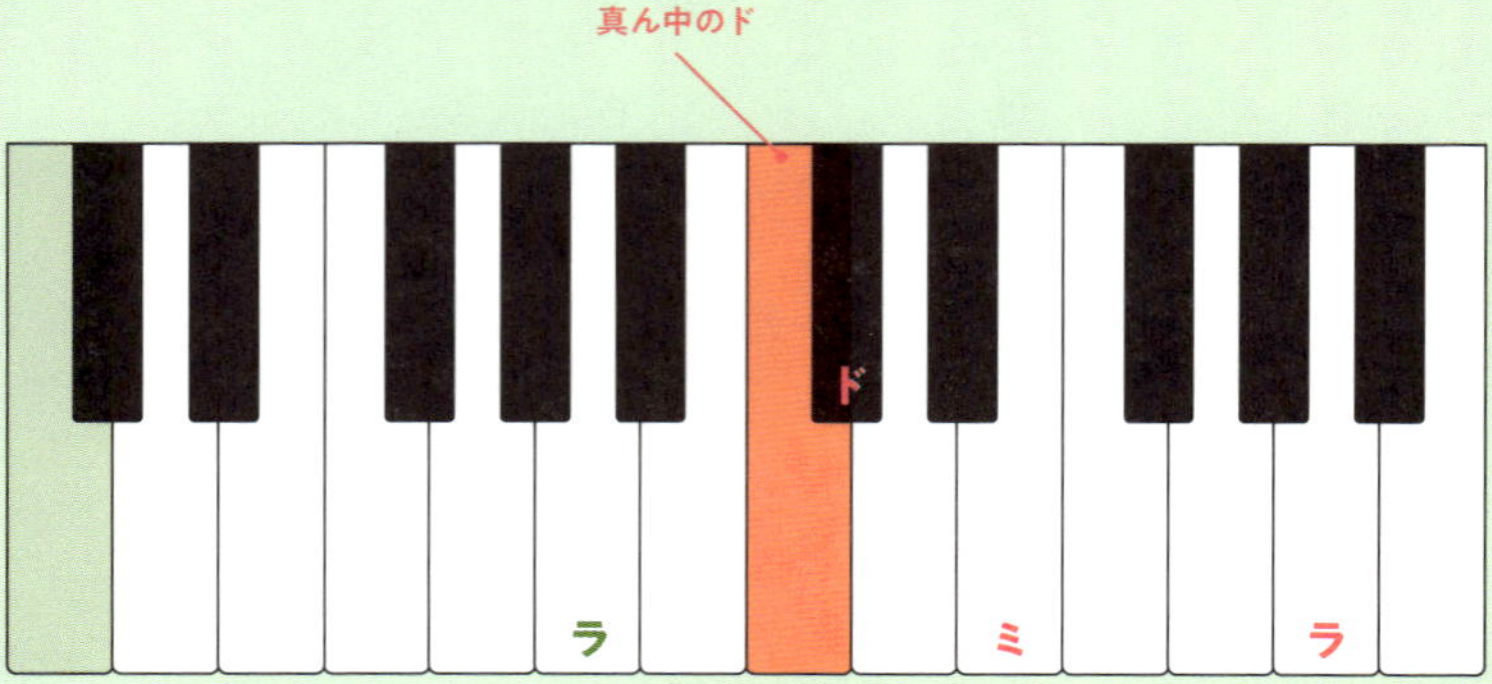

10
Left Hand
左手の練習 6小節目

スタッカートのついた音符は、跳ねるように。次の音を押す前に、鍵盤からいったん指を離します。

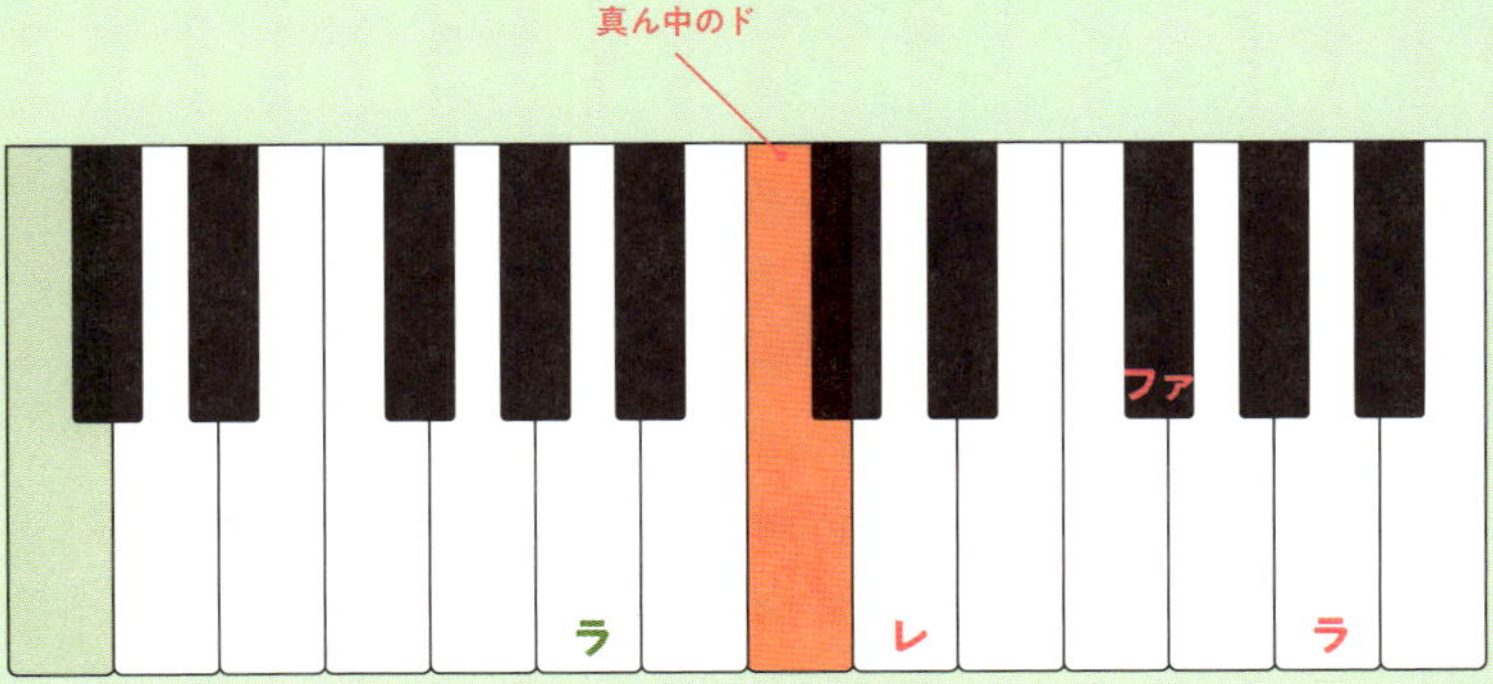

POINT 最初と同じ音に。明るい雰囲気に戻ります。

11
Left Hand
左手の練習 7小節目

スタッカートのついた音符は、跳ねるように。次の音を押す前に、鍵盤からいったん指を離します。

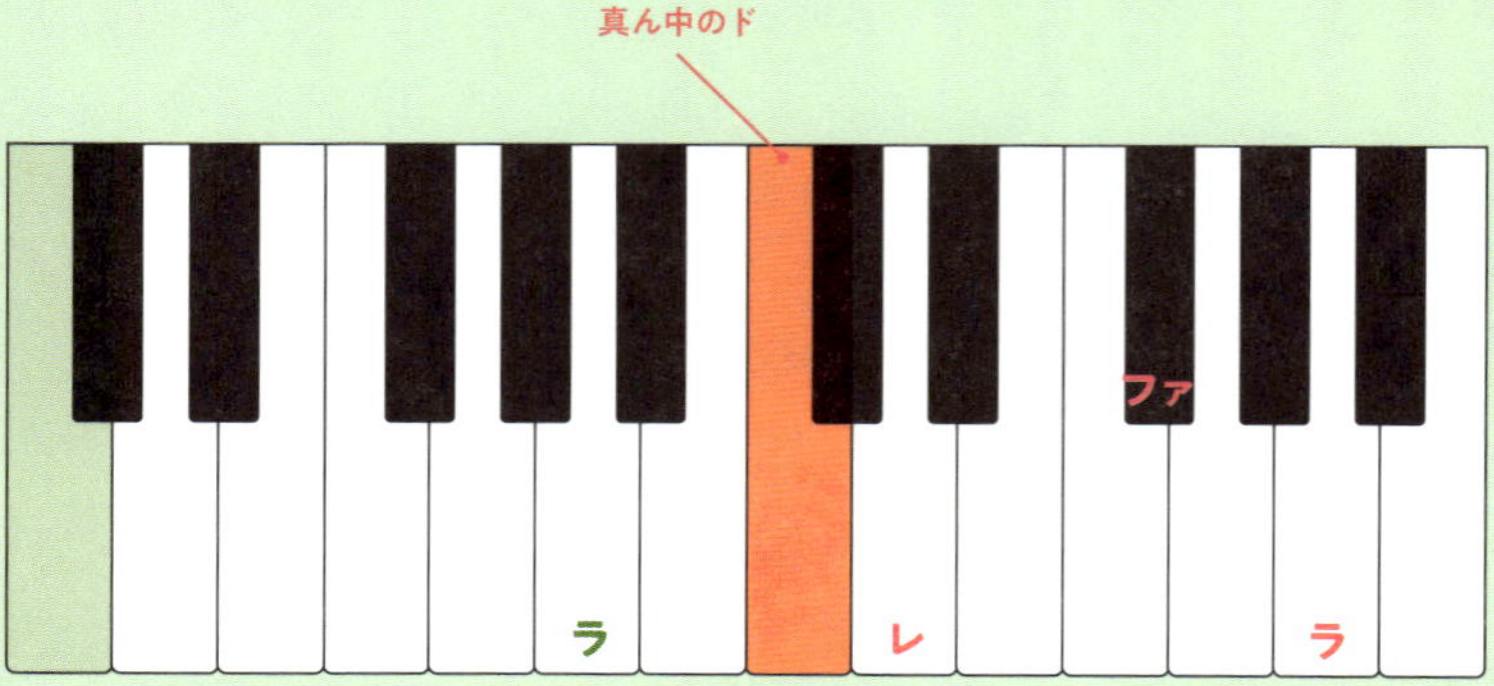

12
Left Hand
左手の練習 8小節目

スタッカートのついた音符は、跳ねるように。次の音を押す前に、鍵盤からいったん指を離します。

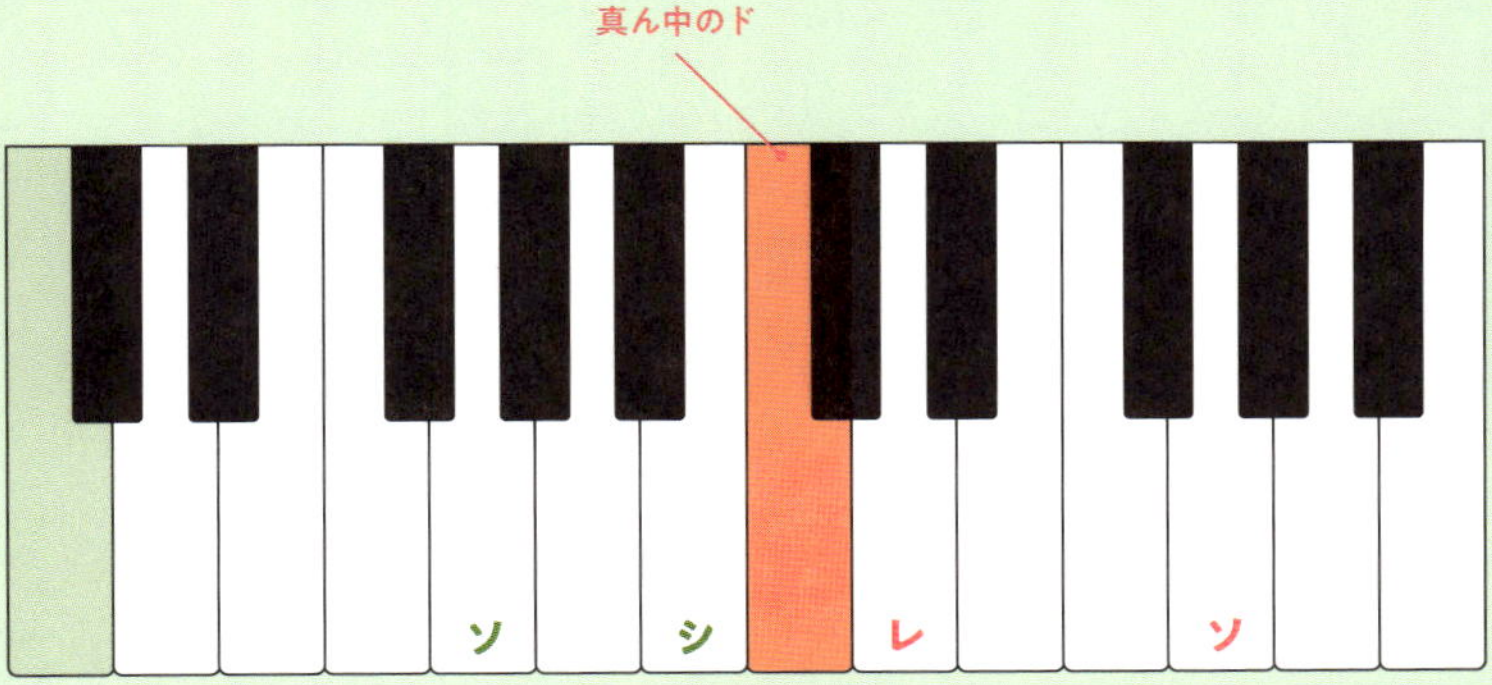

POINT 初めて出てくる音にかわります。
『ハラミ体操』のクライマックスになる小節!

13
Left Hand
左手の練習 9小節目

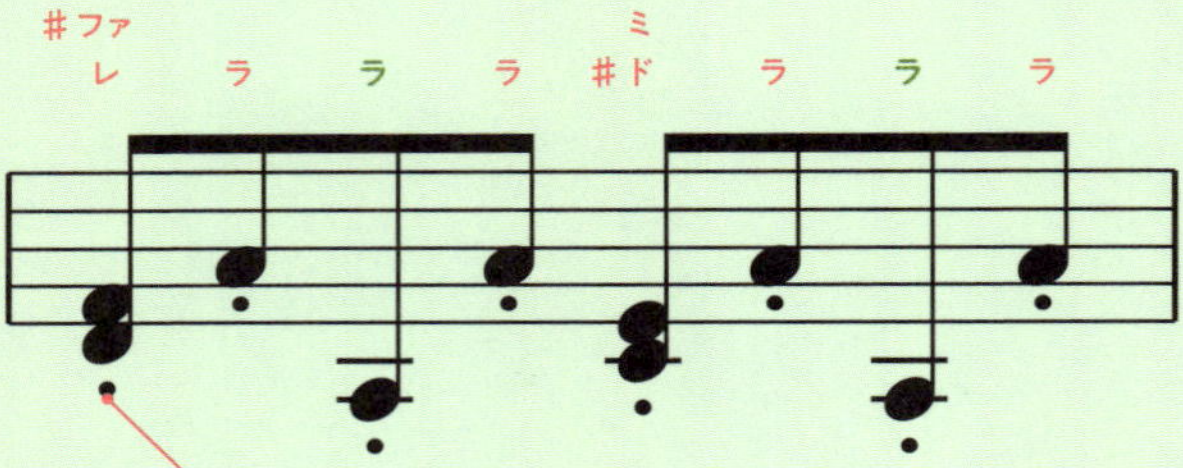

スタッカートのついた音符は、跳ねるように。次の音を押す前に、鍵盤からいったん指を離します。

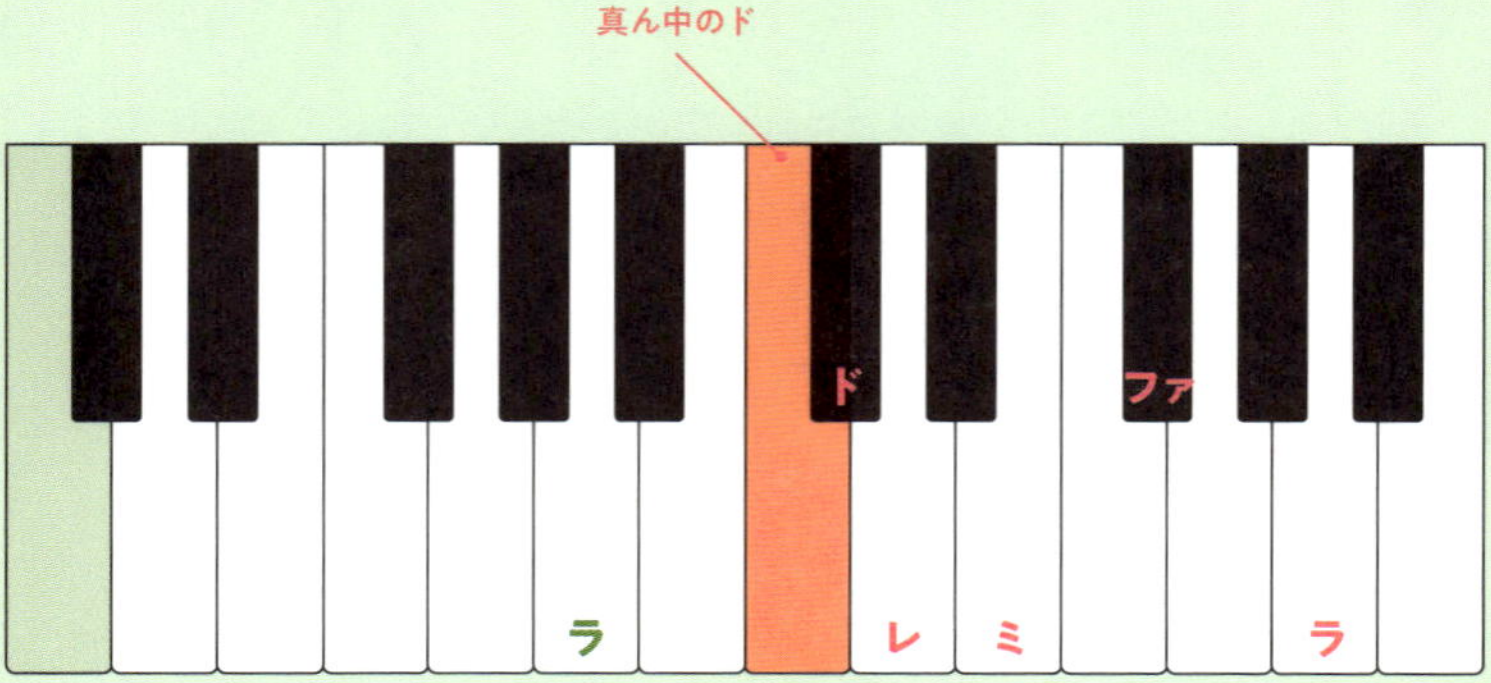

POINT いったん最初の音に戻り、すぐにまたかわります。ここからしめくくりに向かいます。

14
Left Hand
左手の練習 10小節目

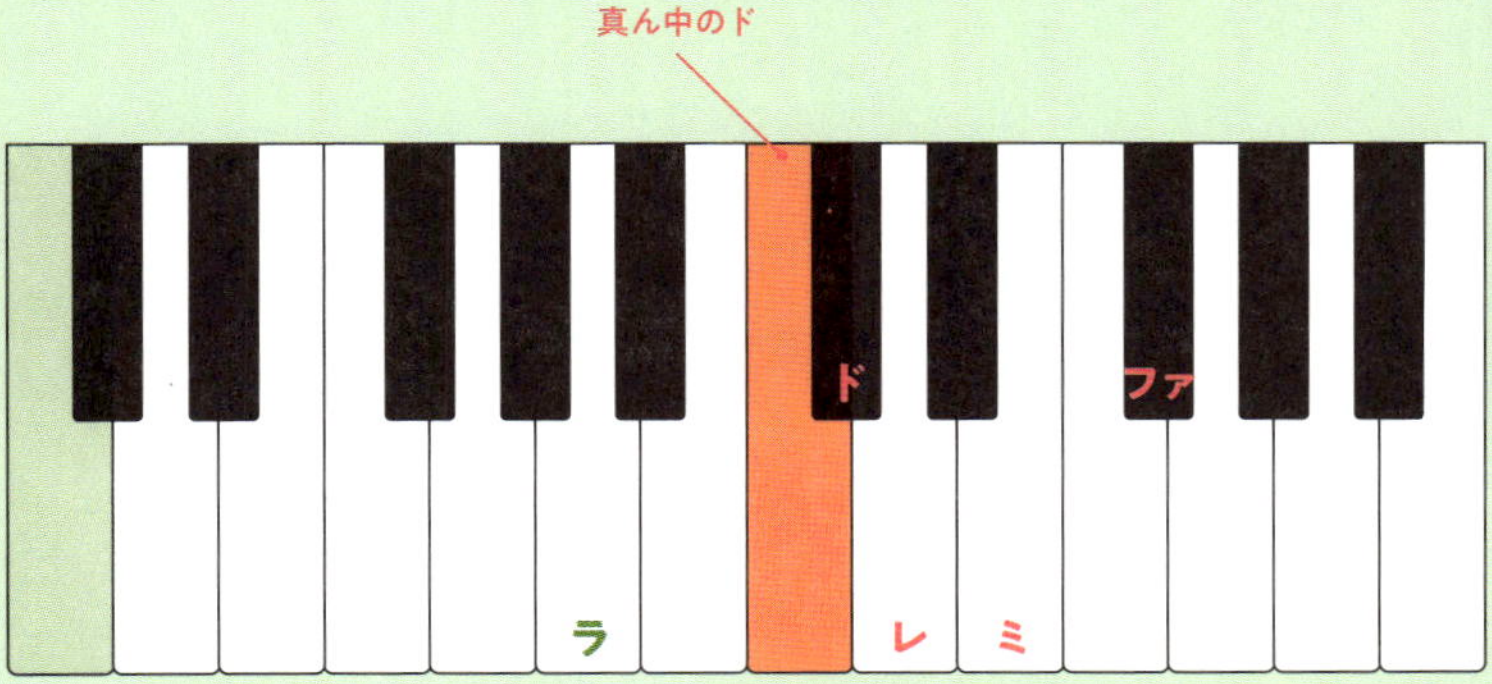

POINT この小節の3つの音は、これまでよりゆっくりと。
体操の仕上げに深呼吸をしているイメージで。

15 Left Hand
左手の練習 11小節目

3と1/2拍はお休み。

スタッカートで短く。

高い音から順に、「レラファレ」と弾きます。
1音ずつちゃんと聞こえることを意識して。
難しければ、和音として弾けばOK。

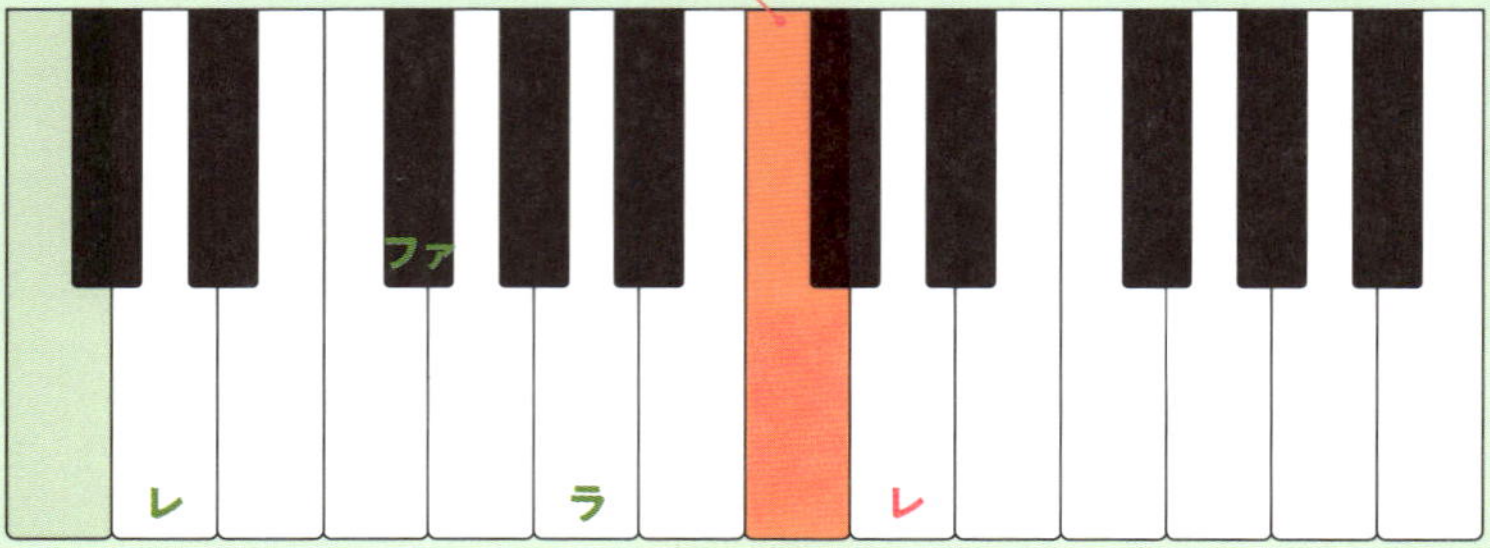

POINT 最後の音は短く弾いて、
メリハリを!

16
Right Hand
右手の練習 1·2小節目

右手で弾くのは、「ヴォーカル」の部分。
曲の主役として、存在感を発揮することを意識して。

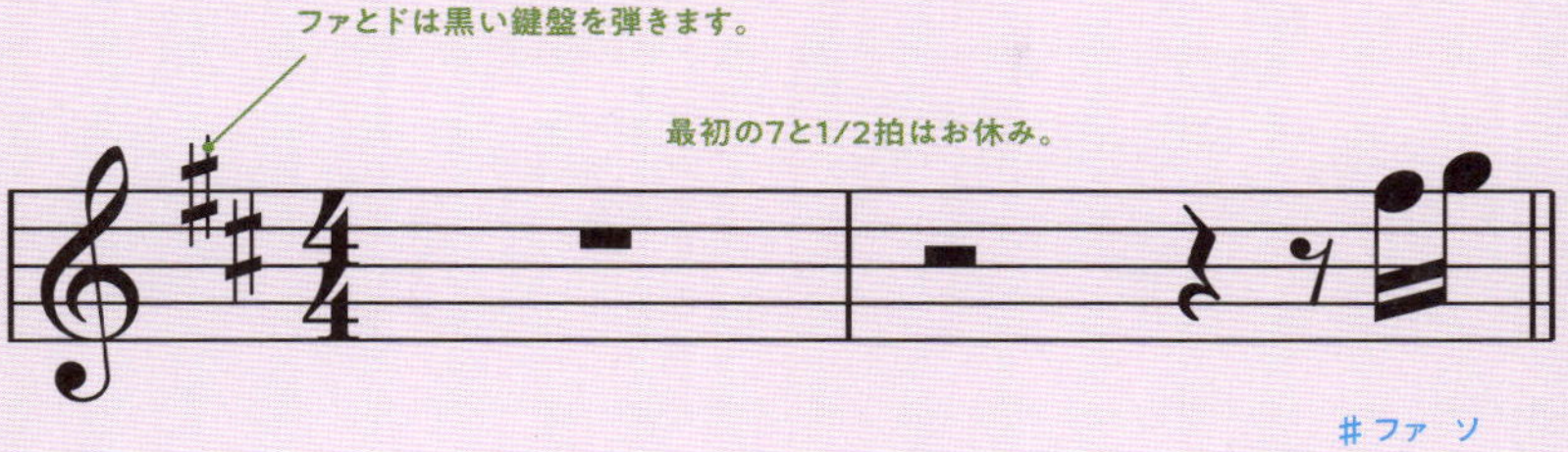

ファとドは黒い鍵盤を弾きます。
最初の7と1/2拍はお休み。
♯ファ　ソ

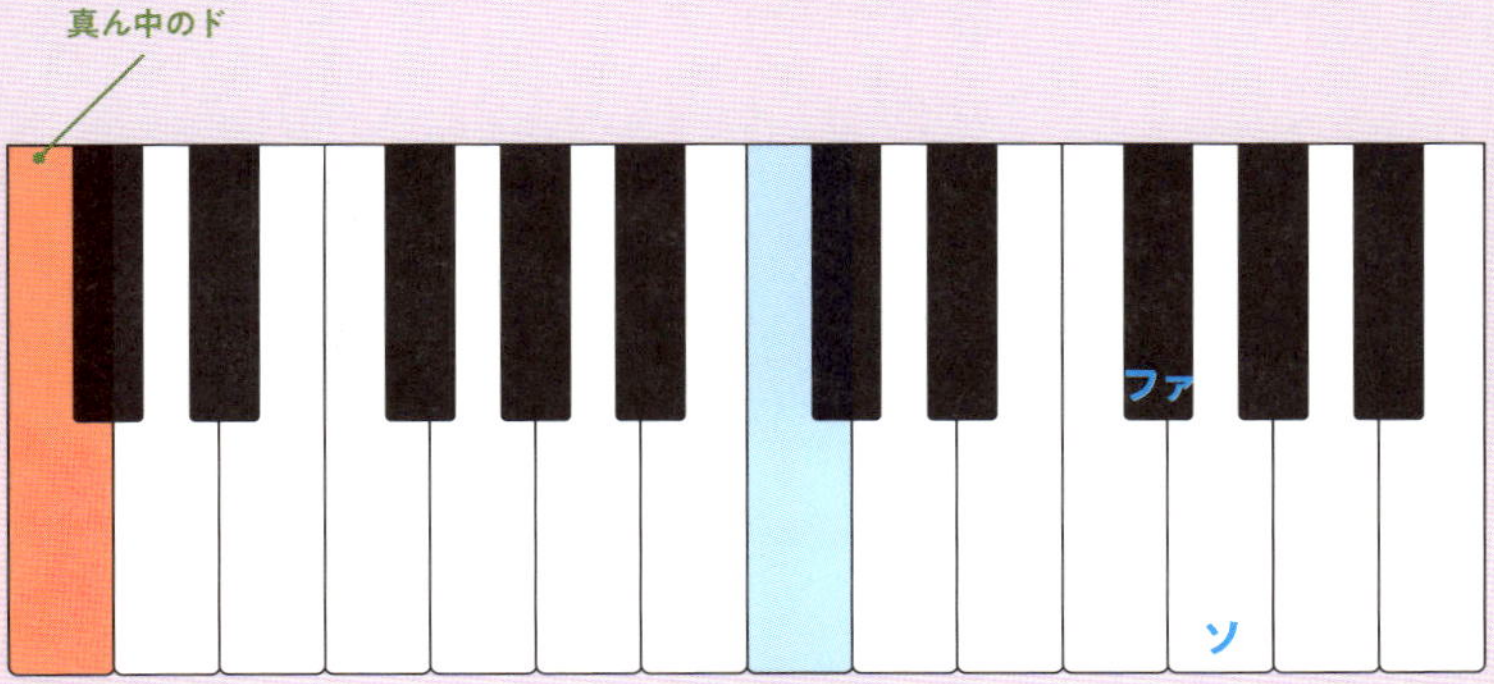

真ん中のド
ファ
ソ

POINT この小節の2つの音は、
3音目の「ラ」につなげるための「助走」のつもりで。

17 Right Hand
右手の練習 3小節目

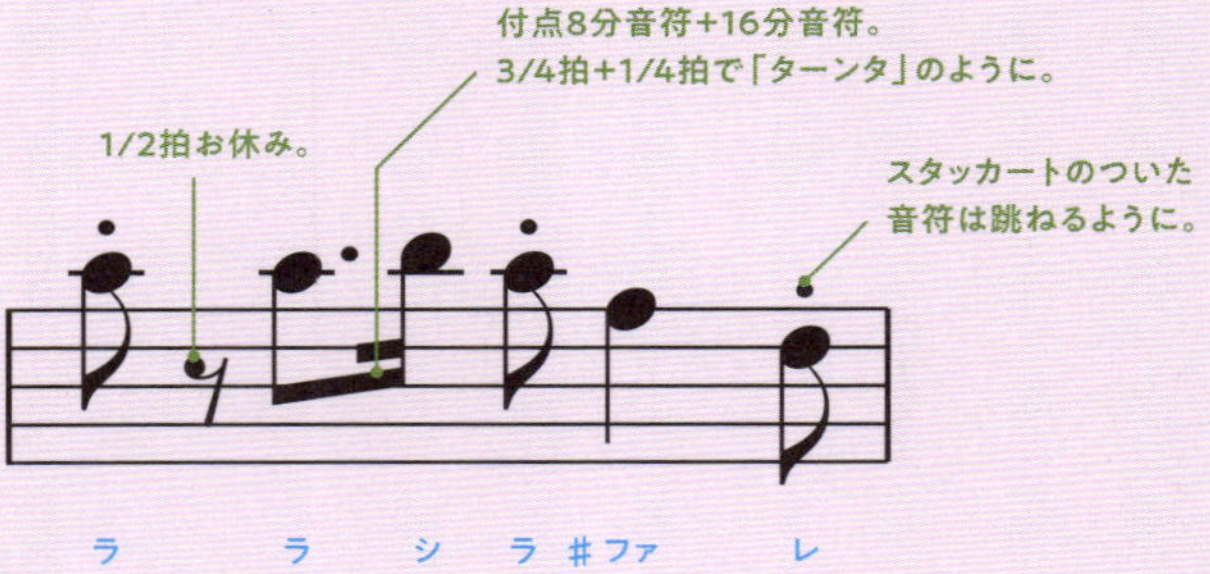

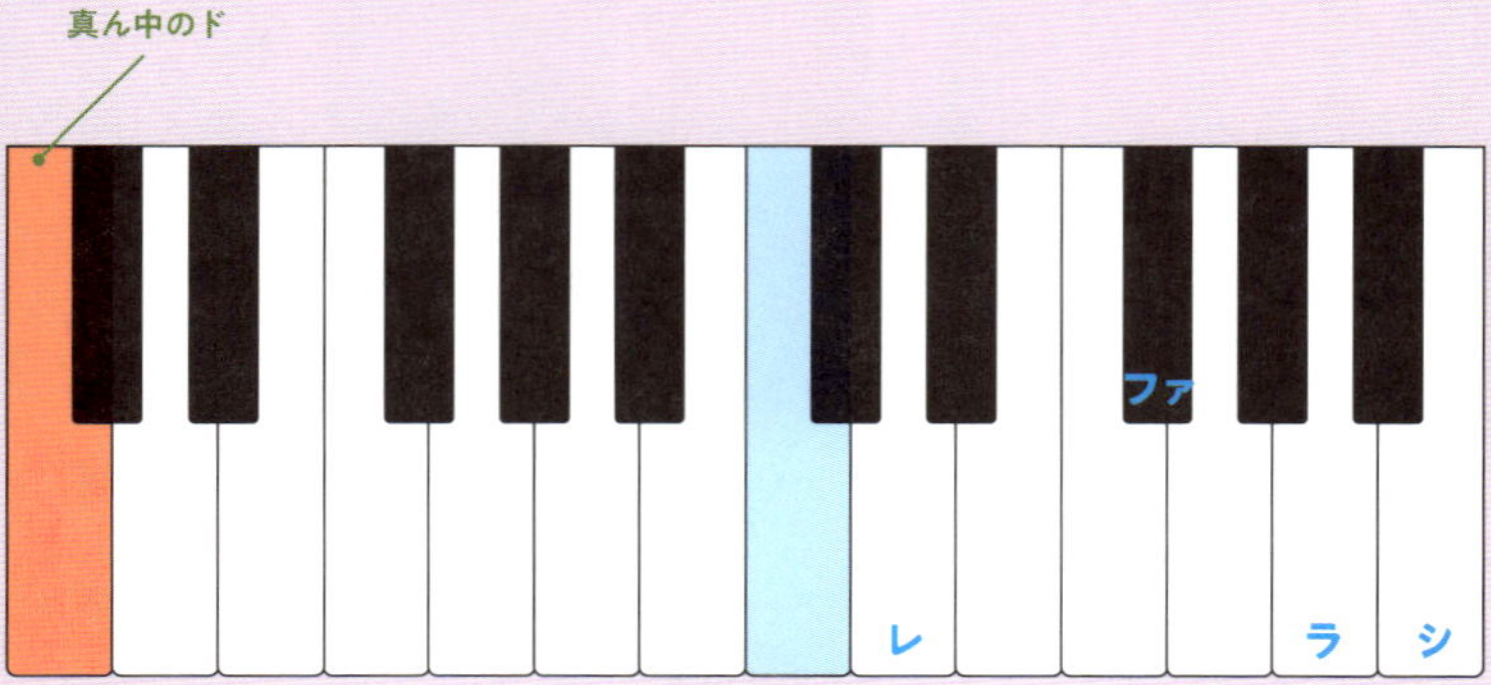

POINT この小節の最初の「ラ」が、
この曲の本当の始まり。

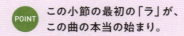

18
Right Hand
右手の練習　4小節目

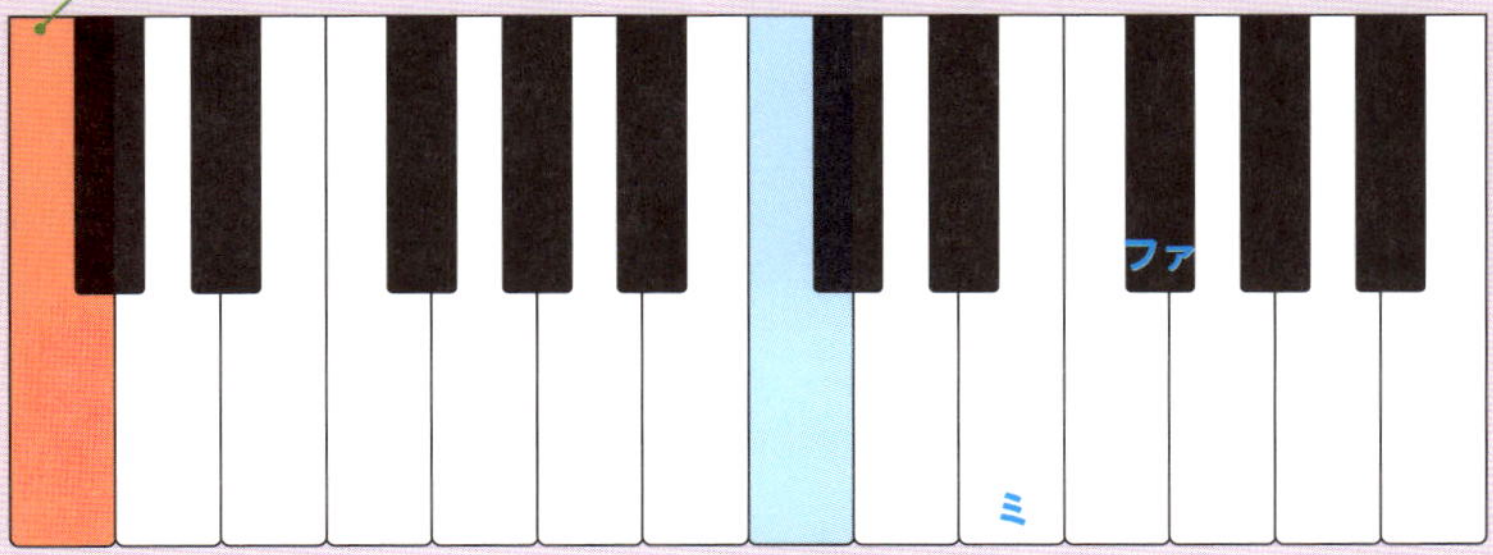

19
Right Hand
右手の練習 5小節目

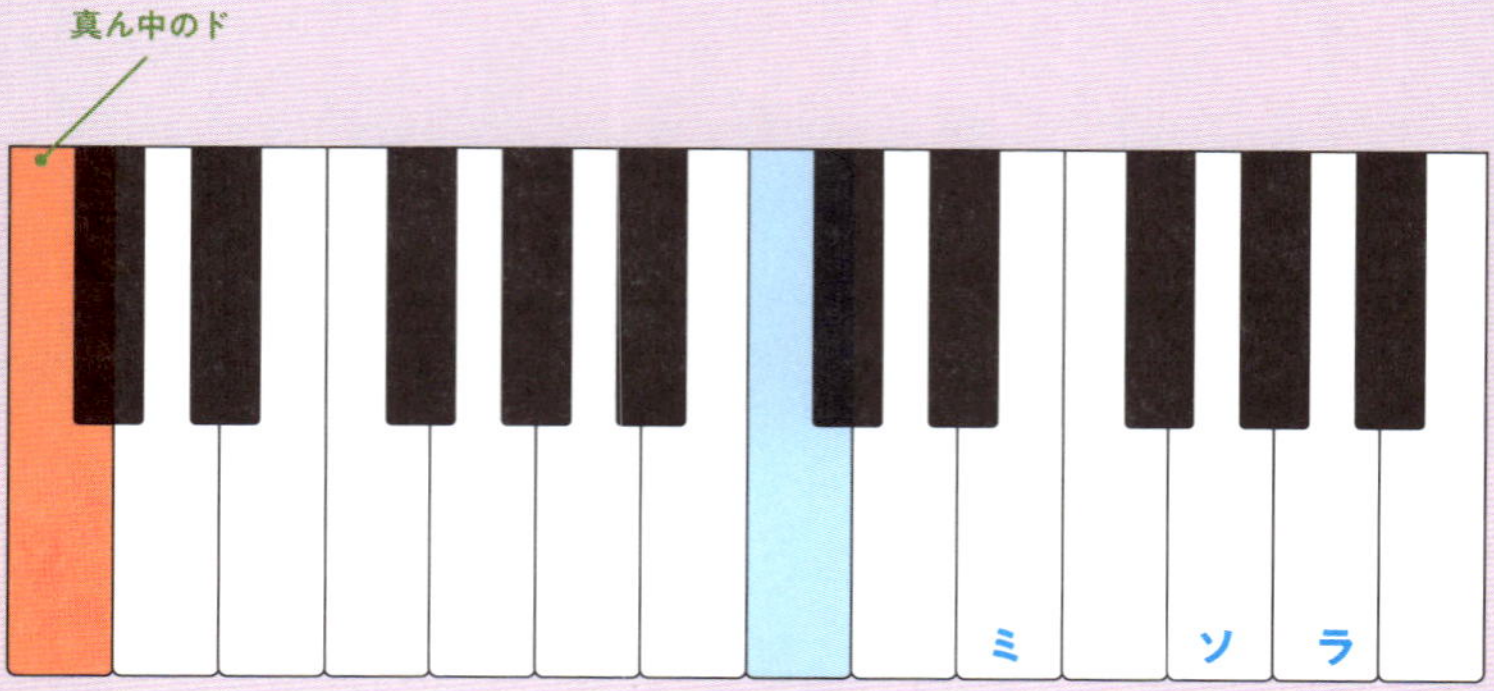

20
Right Hand
右手の練習 6小節目

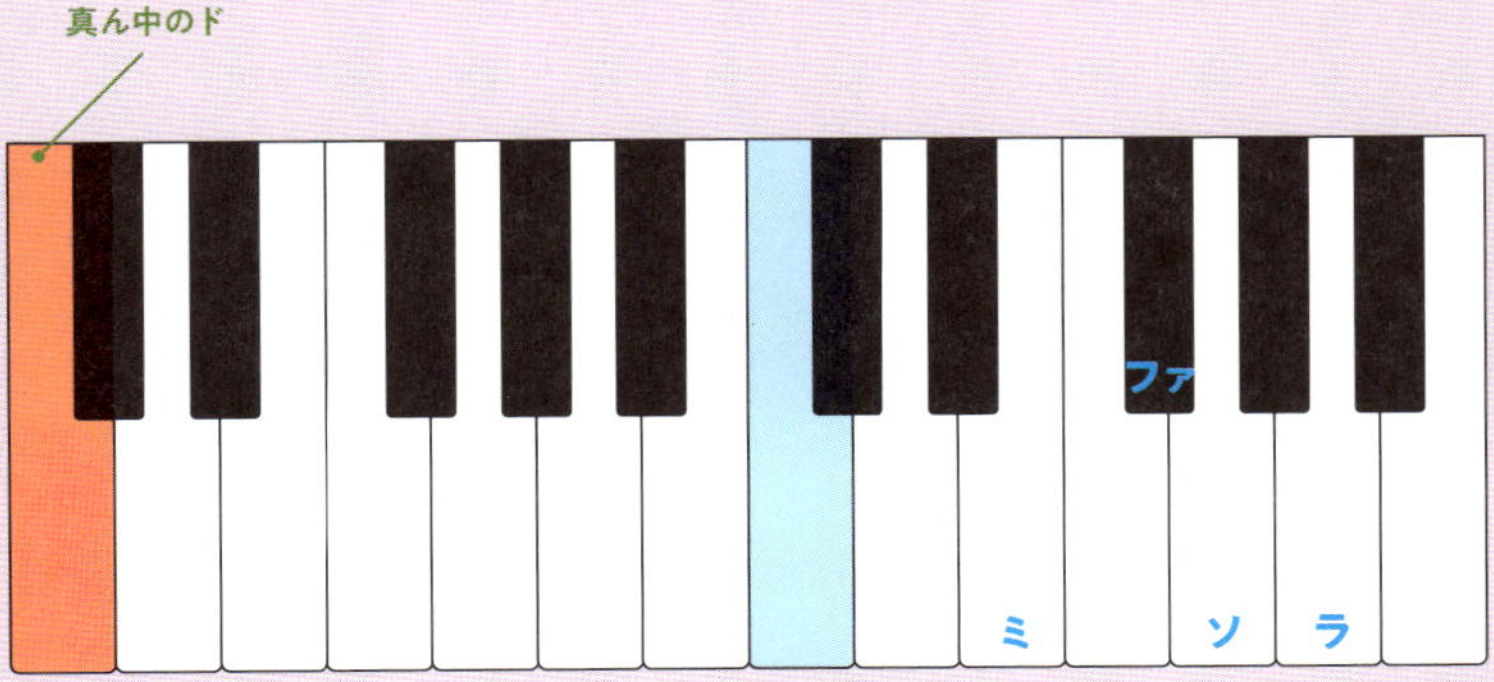

21
Right Hand
右手の練習 7小節目

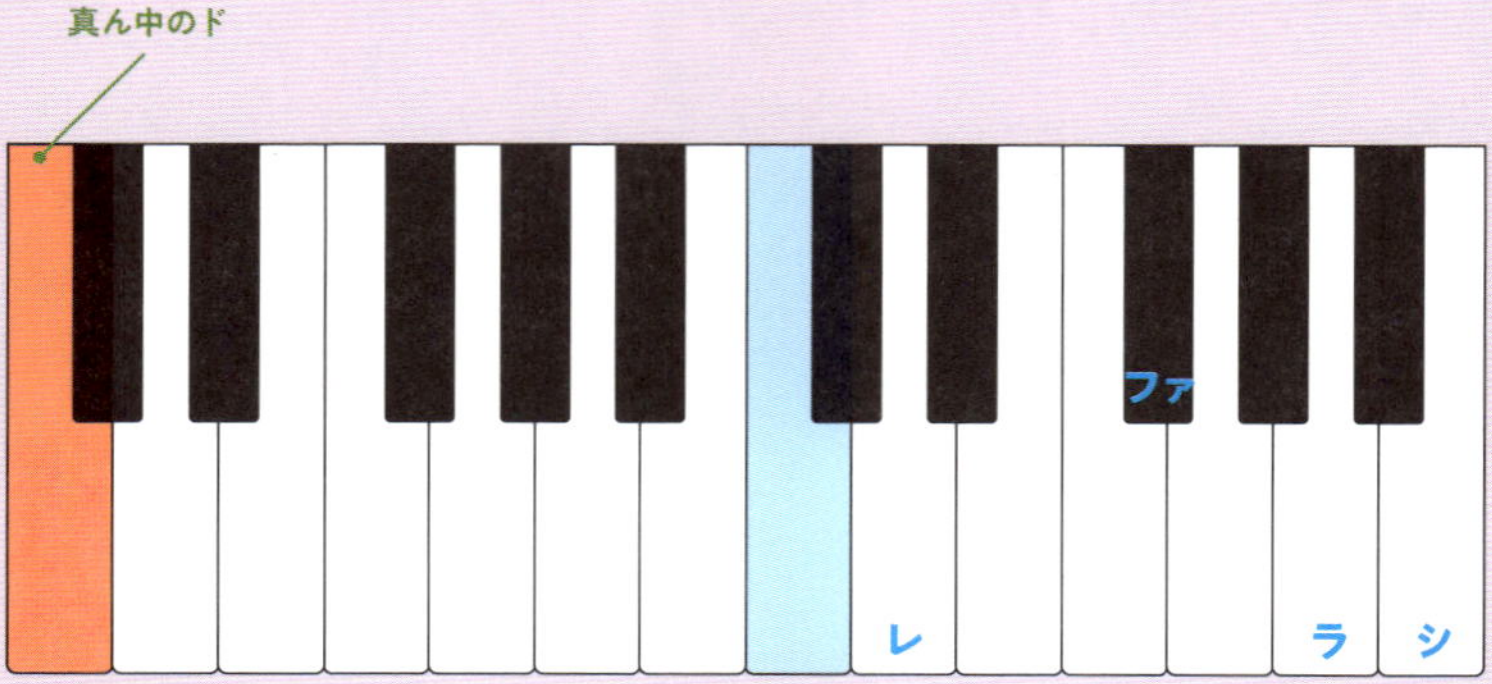

POINT

次の小節のクライマックスに向けて、
少しずつ盛り上がっていく部分です。

22
Right Hand
右手の練習 8小節目

スタッカートのついた音符は、跳ねるように。次の音を押す前に、鍵盤からいったん指を離します。
付点4分音符。1と1/2拍、しっかりのばします。
シ
シ
#ド
レ
シ

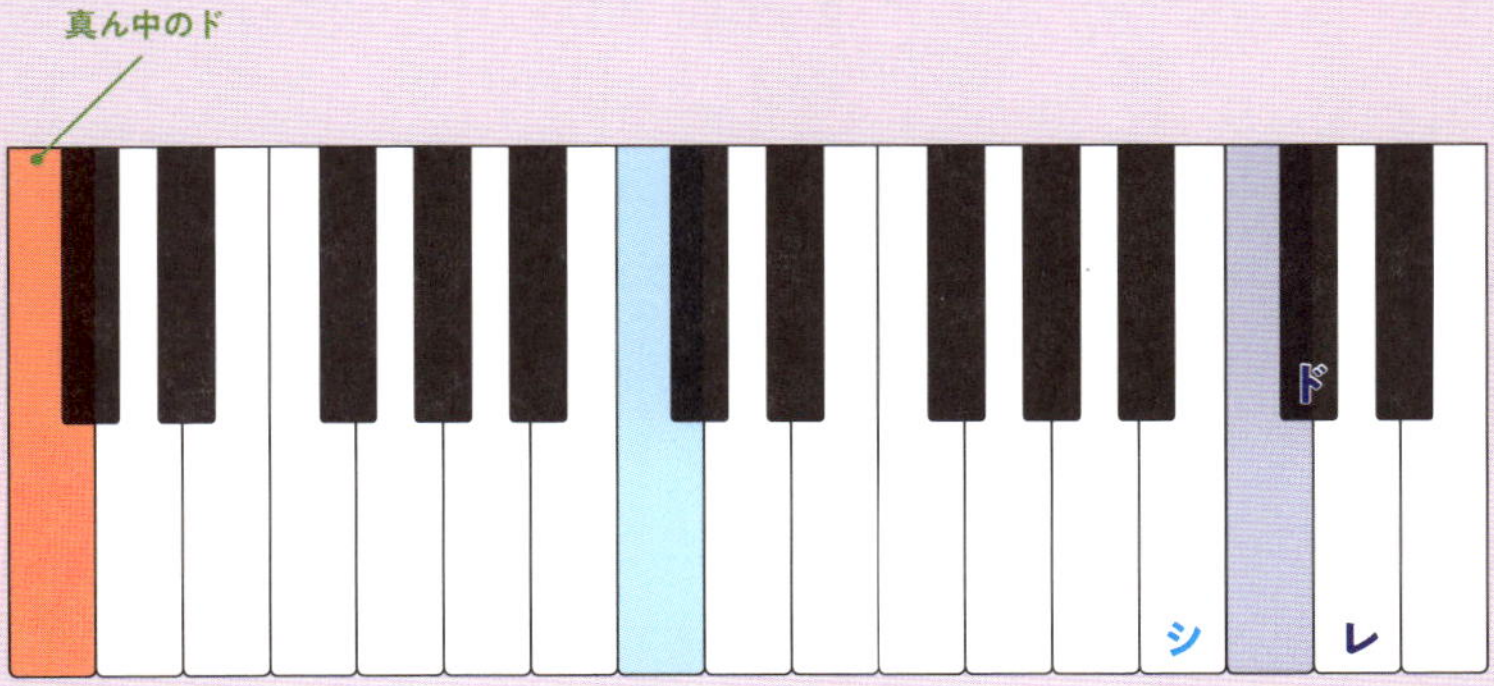
真ん中のド
ド
シ
レ

POINT 高い「レ」が、この曲のクライマックス。
その後の「シ」からは、しめくくりに入ります。

23 Right Hand
右手の練習 9小節目

スタッカートのついた音符は、跳ねるように。次の音を押す前に、鍵盤からいったん指を離します。

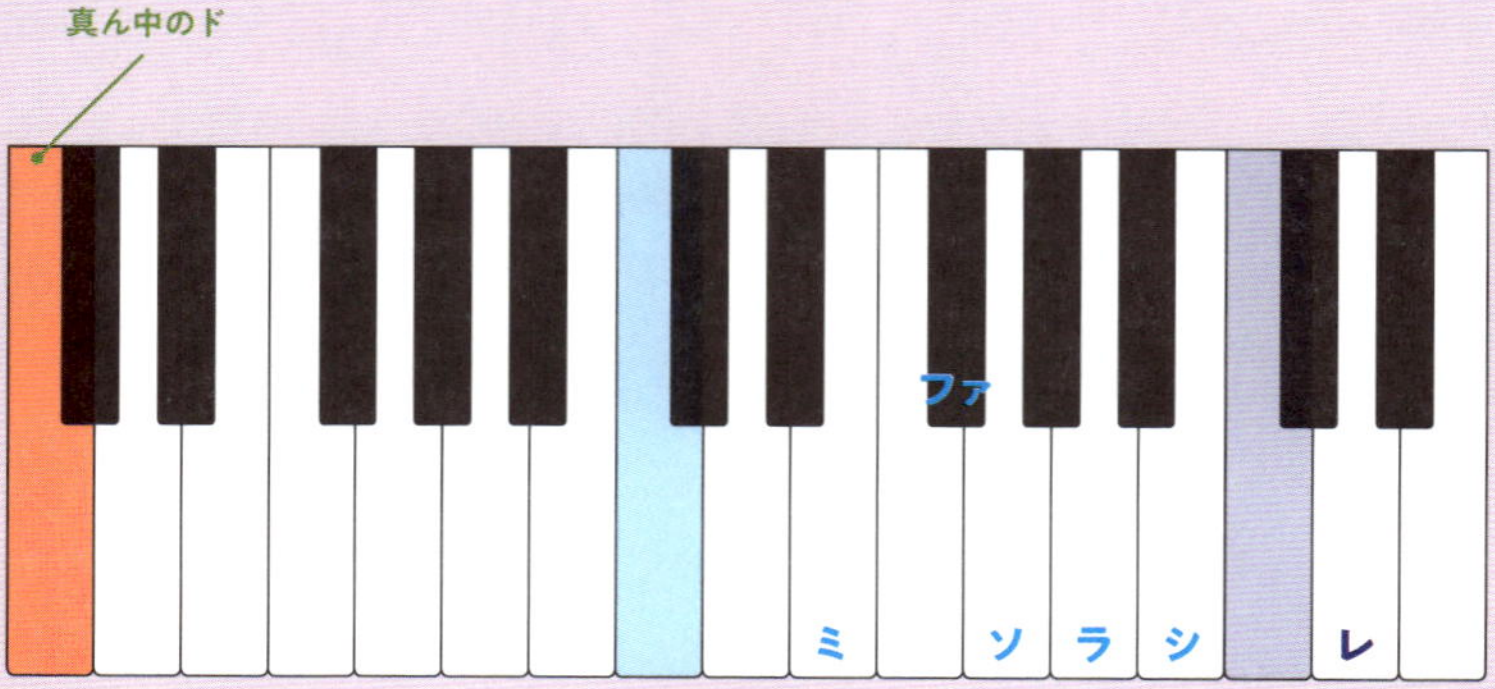

POINT 最後の音は短く弾いて、メリハリを!

24
Right Hand
右手の練習 10小節目

テヌートのついた音符は
ブ〜ンと音をのばします。
指を離す前に、次の音の鍵盤に指をのせて!

真ん中のド

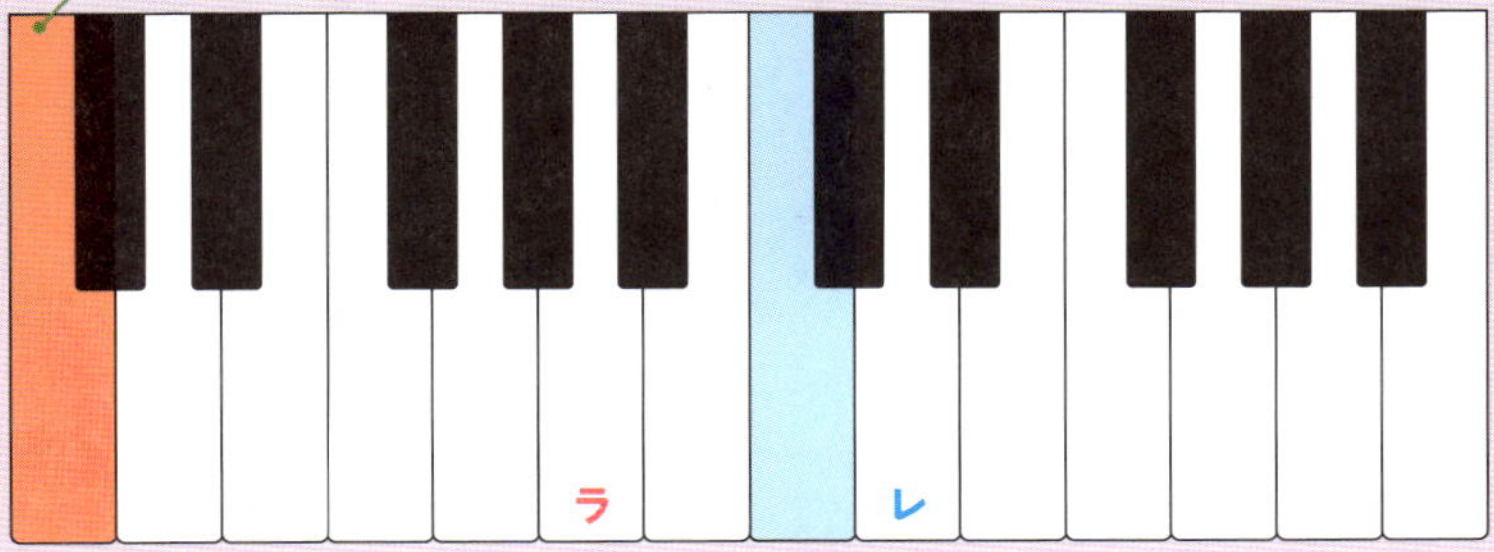

POINT この小節の3つの音は、これまでよりゆっくりと。
体操の仕上げに深呼吸をしているイメージで。

25 Right Hand 右手の練習 11小節目

低い音から順に、「レファラレ」と弾きます。
1音ずつちゃんと聞こえることを意識して。
難しければ、和音として弾けばOK。

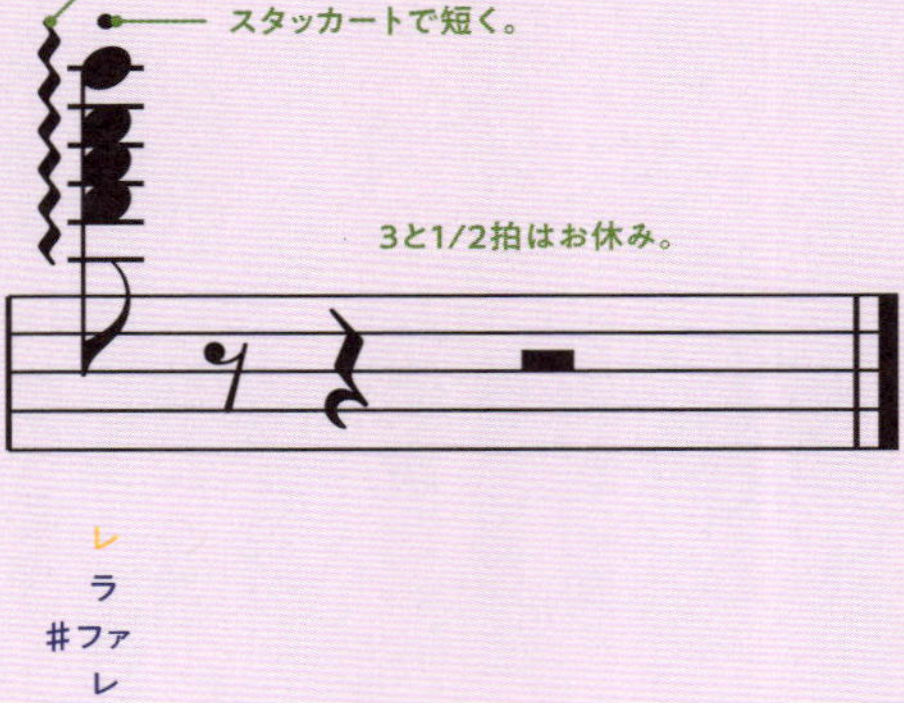

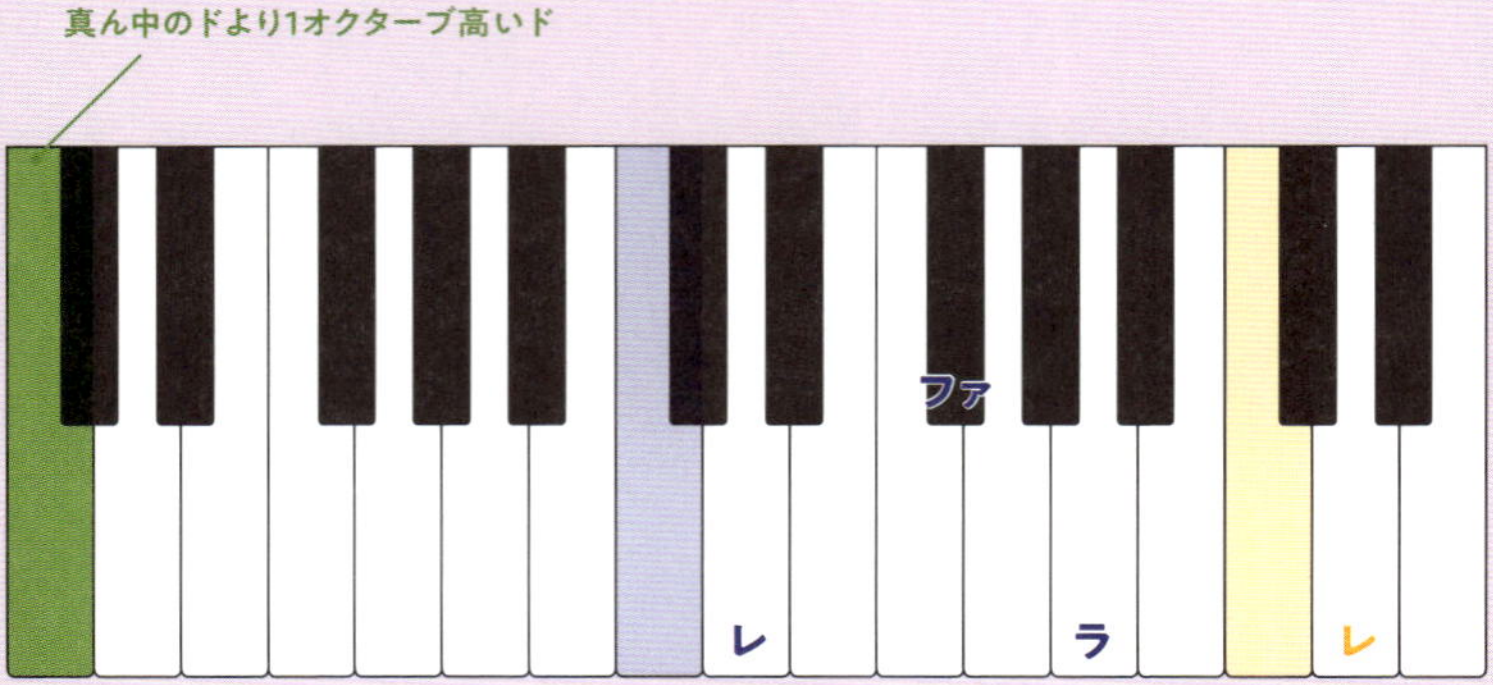

POINT 最後の音は短く弾いて、メリハリを!

26 Both Hands
両手の練習 1·2小節目

右手、左手でそれぞれ弾けるようになったら、
両手で一緒に弾いてみましょう。

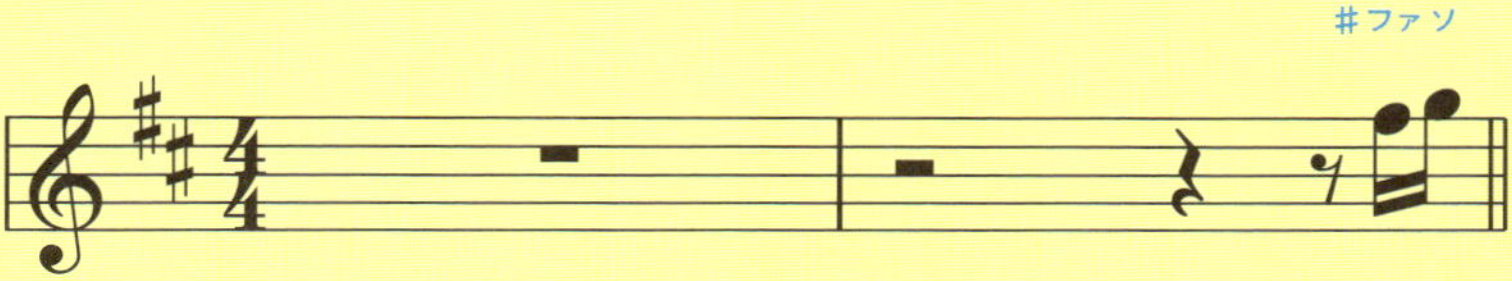

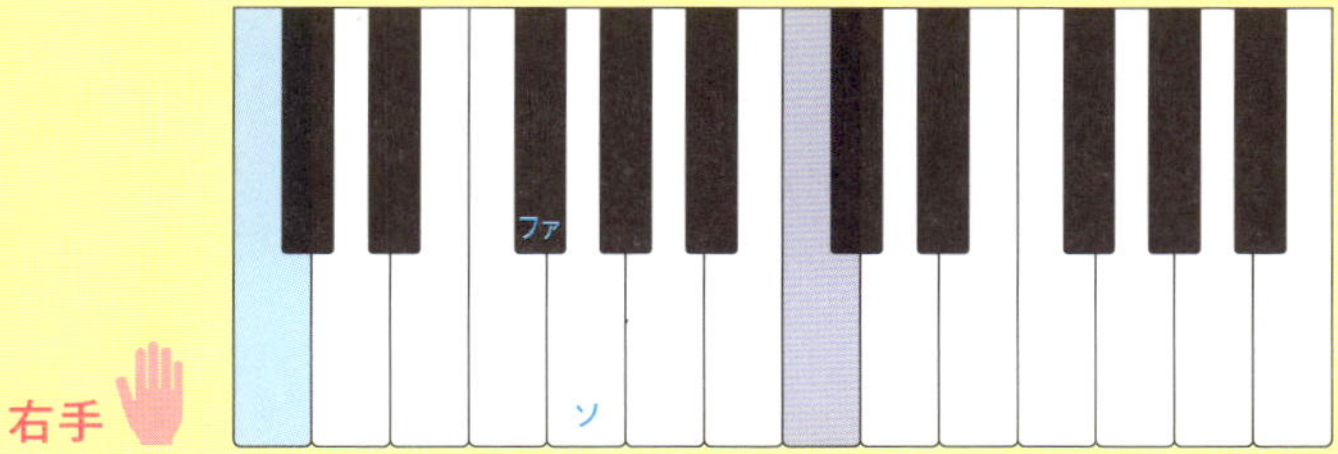

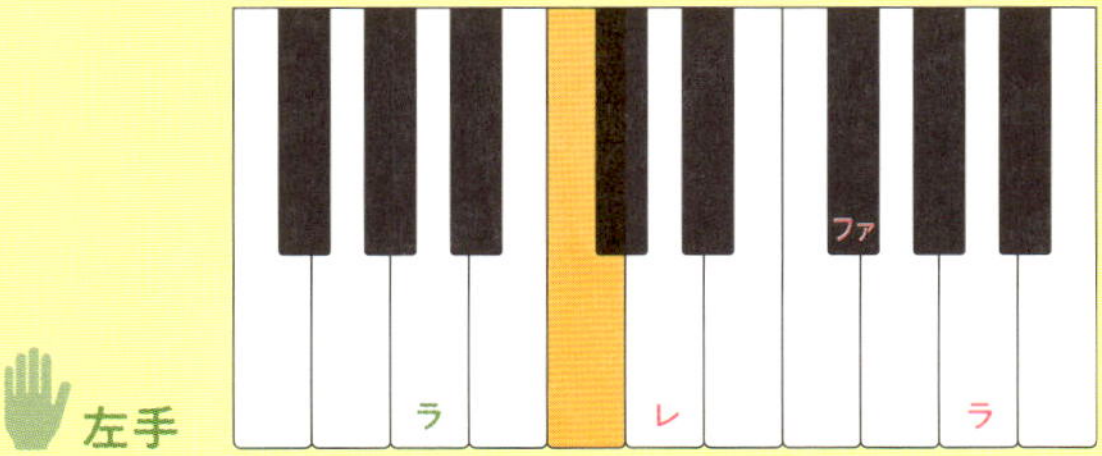

27
Both Hands
両手の練習 3·4小節目

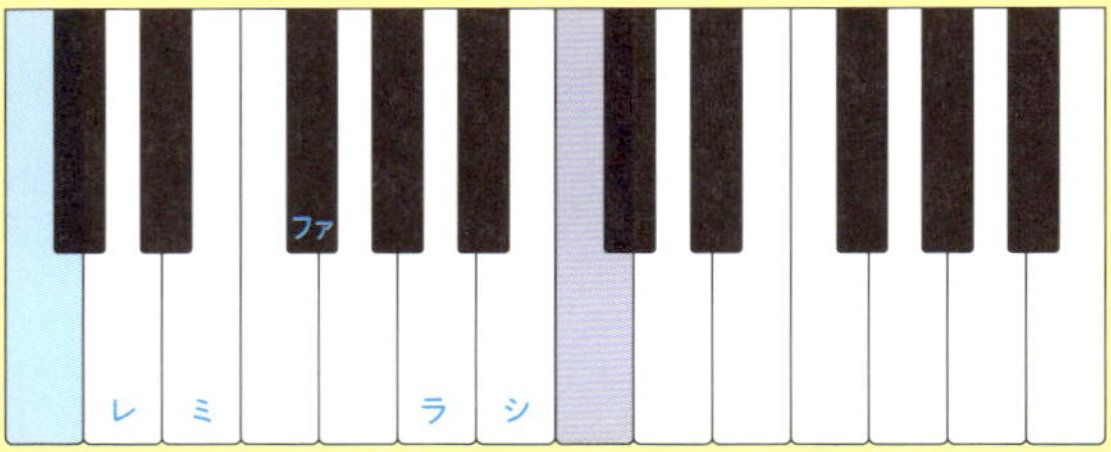

右手

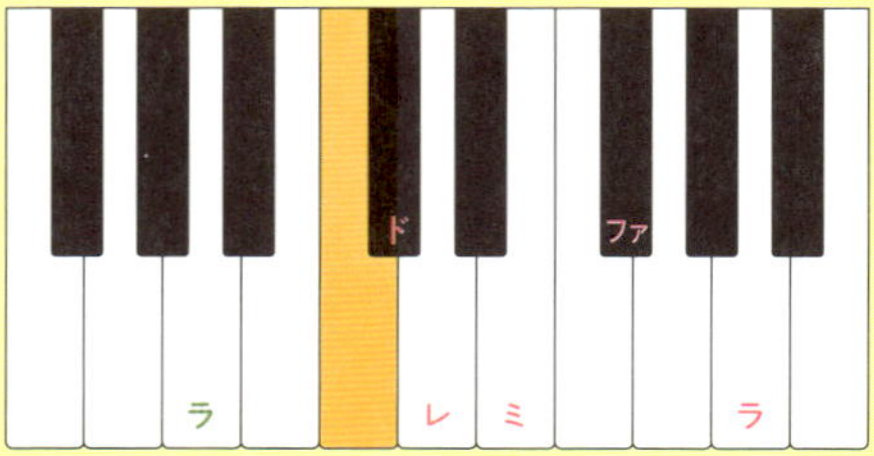

左手

28 Both Hands
両手の練習 5·6小節目

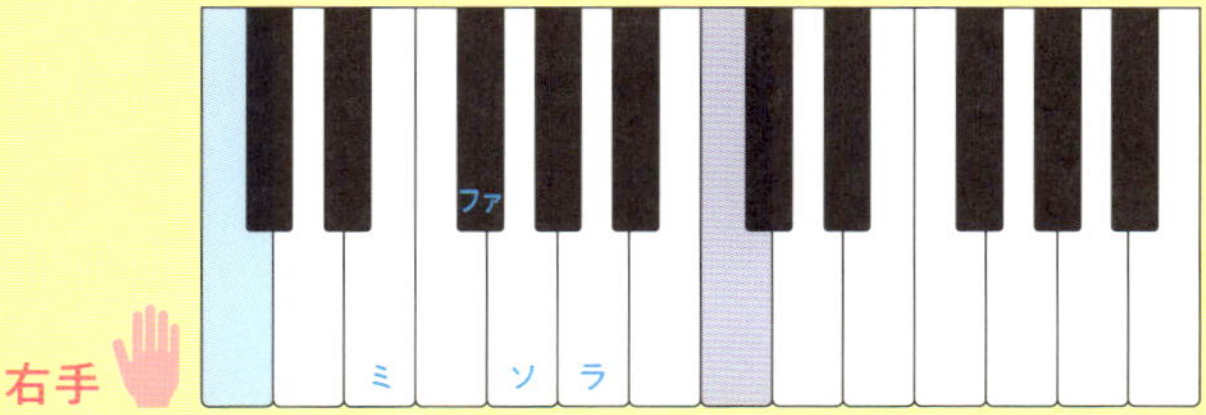

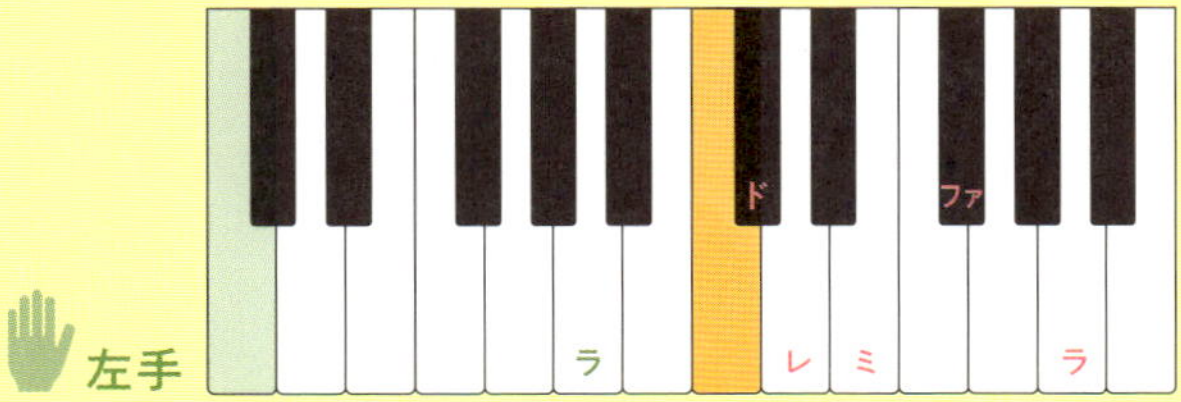

29 Both Hands
両手の練習 7·8小節目

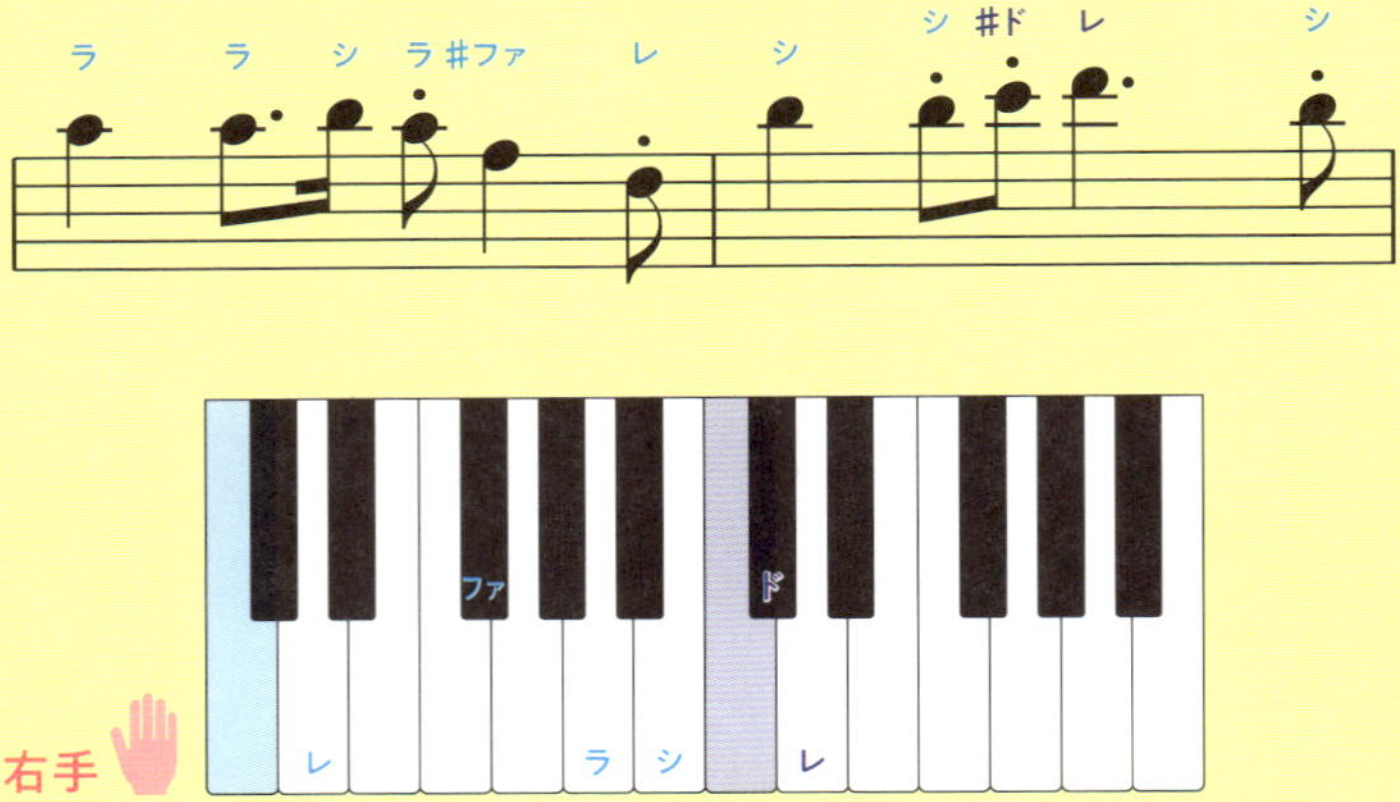

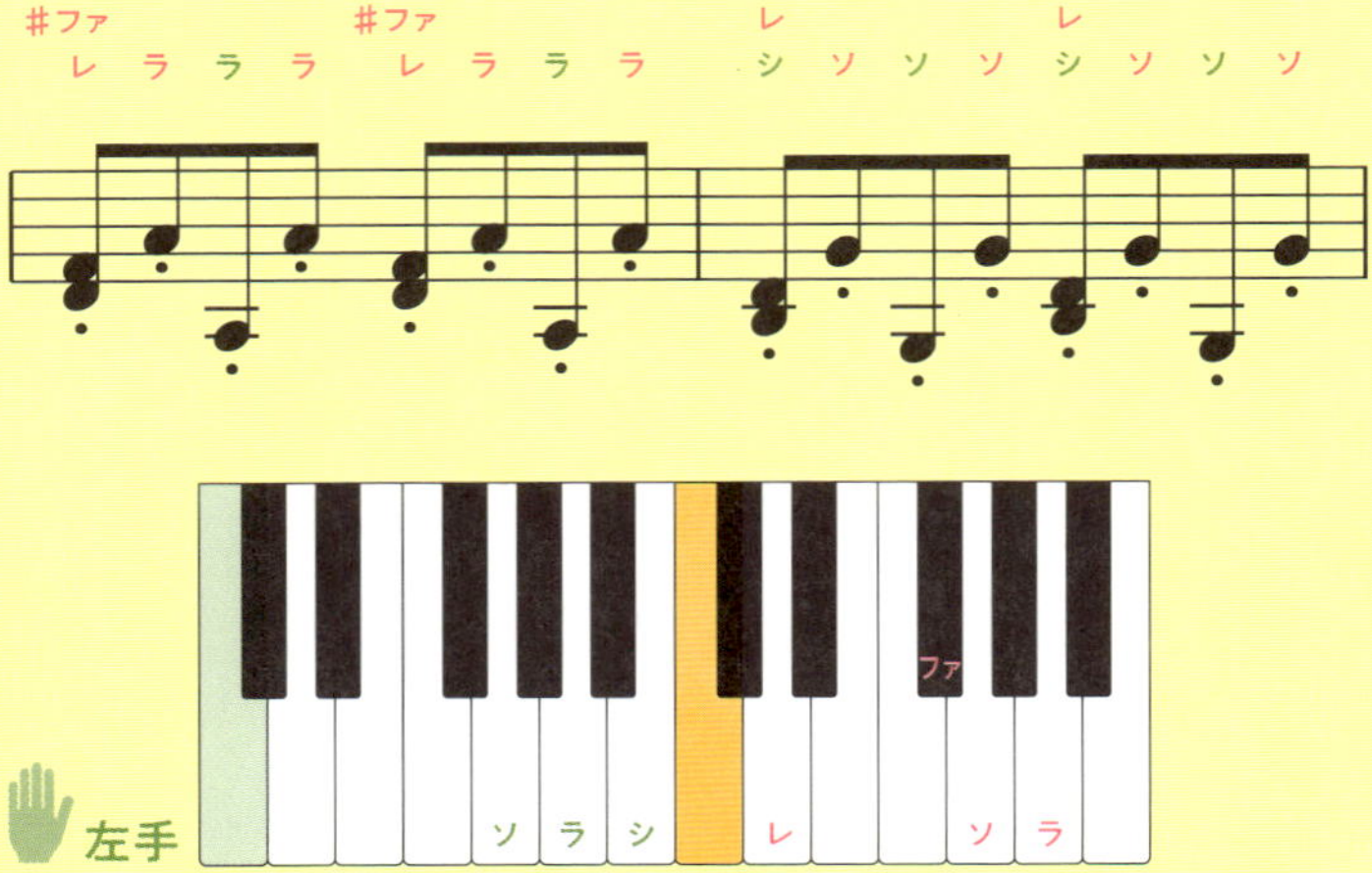

30
Both Hands
両手の練習 9·10·11小節目

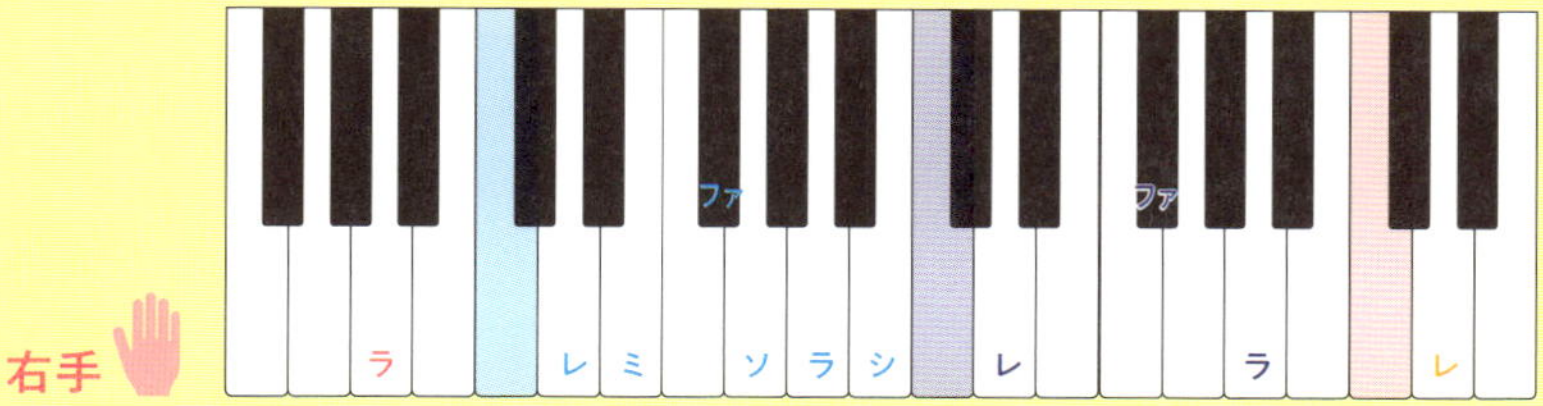

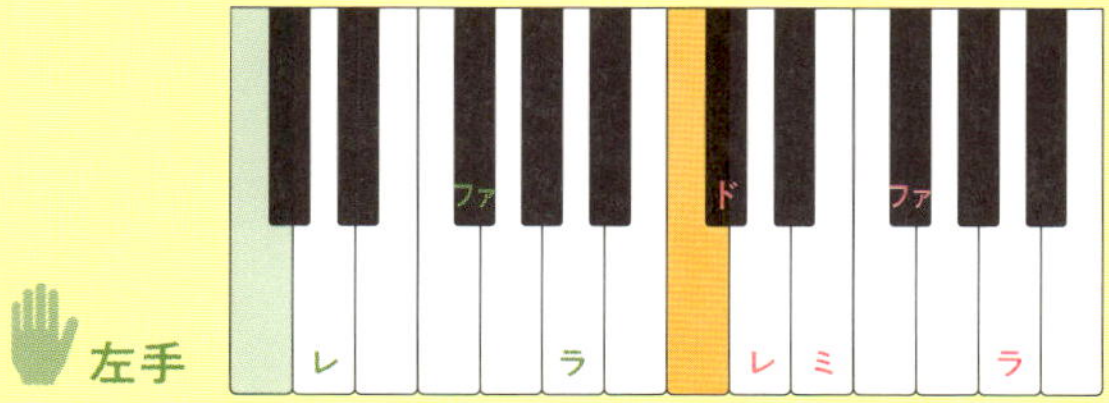

31
One Point
さらに上手に弾くなら……

ちょっとしたポイントを押さえると、演奏のレベルがググッと上がります!

Point 1

スタッカートは、触れて→押す

スタッカートのついた音符は、鍵盤を押したらすぐに指を離します。でも、そのまま次の鍵盤を叩くと乱暴に聞こえてしまいます。次の音は、「鍵盤に触れてから押す」ように弾きましょう。

Point 2

「休符も音符」と考えて弾く

休符をきちんと意識することで、メリハリがつきます。休符は「音を出さない」という意味の音符、と考えるのが正解!

Point 3

『ハラミ体操』の本当の始まりは3小節目

右手のフレーズは2小節目から始まるけれど、最初の2音は助走。本当の始まりは、3小節目の「ラ」です。この音は、左手の1音目ときっちりタイミングを合わせましょう。

Point 4

「音の変化」でストーリーを生み出す

『ハラミ体操』の左手の演奏は、1～3小節目、4～5小節目、6小節目……と変化していきます。音の雰囲気がかわるのは、視覚でいえば「映像が切りかわる」ようなイメージ。変化を意識しながら弾くと、演奏がドラマチックになるはず。

SPECIAL LESSON

「ハラミ体操」の
弾き方がわかる
ピアノレッスンページは
最後のページ（P207）
からご覧ください。

動画は下記URLでご覧いただけます。

https://www.youtube.com/watch?v=93PHBG4zxx8

または、

ハラミ体操　ピアノ　はじめてみよう	検索

PROFILE

ハラミちゃん

1月21日生まれ。音楽大学を卒業後、会社員を経て、2019年東京都庁の展望室に置かれているストリートピアノを演奏した動画をYouTubeで配信したところSNSを中心に話題に。以降、ストリートを中心にピアニストとしての活動を開始。YouTubeチャンネル登録者数150万人超え、耳コピによる即興演奏や楽譜も鍵盤も見ずに弾くノールックスタイル演奏が人気を集めている。「ハラミちゃん」の名前は、好物である肉のハラミが由来。

YouTube　「ハラミちゃん(harami_piano)」
Twitter　@harami_piano
Instagram　@harami_piano

ART DIRECTION & DESIGN
柴田ユウスケ（soda design）

PHOTOGRAPHY
メグミ

HAIR
松川竜道

MAKE-UP
早川由香里

PRODUCER
岸祐太朗

PRODUCTION COOPERATION
中川敦雄
西部裕美
蘭宣子
武氏喜継

編集協力
野口久美子

DTP
株式会社三光デジプロ

校正
株式会社文字工房燦光

編集
根岸亜紀子（KADOKAWA）

OUTH SID